华章图书

一本打开的书,一扇开启的门,
通向科学殿堂的阶梯,托起一流人才的基石。

www.hzbook.com

产品管理与运营系列丛书

COMPULSORY COURSES
FOR SENIOR
PRODUCT MANAGERS

Data System Construction Driven
by Corporate Strategy

刘天 ◎著

高阶产品经理必修课

企业战略驱动下的
数据体系搭建

机械工业出版社
China Machine Press

图书在版编目（CIP）数据

高阶产品经理必修课：企业战略驱动下的数据体系搭建/刘天著. --北京：机械工业出版社，2021.11

（产品管理与运营系列丛书）

ISBN 978-7-111-69450-2

I. ①高… II. ①刘… III. ①企业管理 – 数据处理 – 研究 IV. ①F272.7

中国版本图书馆CIP数据核字（2021）第217165号

高阶产品经理必修课

企业战略驱动下的数据体系搭建

出版发行：机械工业出版社（北京市西城区百万庄大街22号 邮政编码：100037）

责任编辑：杨绣国 责任校对：殷 虹

印　　刷：中国电影出版社印刷厂 版　　次：2022年1月第1版第1次印刷

开　　本：170mm×230mm　1/16 印　　张：18.25

书　　号：ISBN 978-7-111-69450-2 定　　价：79.00元

客服电话：（010）88361066　88379833　68326294 投稿热线：（010）88379604

华章网站：www.hzbook.com 读者信箱：hzjsj@hzbook.com

版权所有·侵权必究

封底无防伪标均为盗版

本书法律顾问：北京大成律师事务所　韩光/邹晓东

PREFACE · 前言

我的第二本书

前段时间，编辑提醒我要写本书的前言了，回想这本书的创作过程，感觉又是一次阶段性的复盘沉淀。我现在所处的行业恰巧是一个风口领域，在风口领域中虽然很容易感受产品迭代的速度，但是这也意味着每日的工作强度极高，每天下班到家基本已是深夜11点。虽然在前期我已经花了大量时间构思本书，但是真正开始撰稿时，仍觉得十分辛苦。白天要上班，只能在夜深人静的时候去写作，对我来说，那段时间可谓一周7天无休地工作。

可能有读者想知道为什么都处在这样的工作强度下了，我还要创作第二本产品类图书。看过我的公众号"三爷茶馆"或者我的第一本书《中台产品经理宝典》的读者应该都知道，我是一个特别爱分享的人。在我的人生计划里，把自己这些年在产品领域沉淀的一些方法论成体系地输出是一项重要任务。于是在第一本书里，我基于自己多年带团队与招聘产品人的要求，为一个成熟且高阶的产品人应有的产品方法论体系下了个定义：以 M-P 能力模型为核心的产品方法论合集。

具体就像我在第一本书中所写的：

> 每位高阶产品经理应该具有 M-P 能力模型。M-P 能力模型是对产品经理掌控产品的整个生命周期所必须拥有的能力的统称，具体来说，该模型分为两部分：
>
> - M（Market）部分：市场运作能力，即将一个应用投放到市场并盈利的能力。
> - P（Product）部分：需求生产能力，即将一个想法变成一个 App 或网页等落地应用的能力。
>
> 首先让我们基于 M-P 能力模型对产品经理类型进行逐个划分。我们将不同产品经理划分为 2 个大类 4 种类型，如表 13-1 所示。
>
> 表 13-1 产品经理分类
>
> | 执行类 | 筹划类 |
> | --- | --- |
> | 低级执行产品经理 | 筹划型产品经理 |
> | 高级执行产品经理 | 战略型产品经理 |
>
> 再让我们把 M-P 能力模型中的 4 种能力填入这几个产品经理分类中，我们就得到了一个象限坐标，如图 13-2 所示。
>
>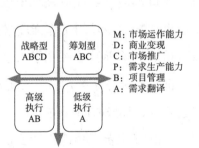
>
> 图 13-2 产品经理的能力要求
>
> 至此我们可以对"高阶"这个词做出一个准确的解释了：所谓高阶的产品经理，实质上就是掌握了 M-P 能力模型中偏市场层面的能力，能以大局观来看待整个产品的问题。

第一本书主要是以业务建模的视角撰写了产品的方法论，在我看来只算是输出了 M-P 能力模型中一半的产品方法论（如图 1 所示），这对于想要成为一个高阶产品经理的读者来说还是不够的。

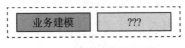

图 1　一半的产品方法论

基于上面提到的 M-P 能力模型可知，想成为一名高阶产品经理，最少需要掌握图 2 中两个模块的知识与技能。

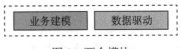

图 2　两个模块

很多读者在读完《中台产品经理宝典》一书后，也意识到了目前只是掌握了部分 M-P 能力模型，还有更多的知识需要学习（如图 3 所示），便在我的公众号后台留言问我能不能再讲一些关于数据驱动以及企业市场战略选择的内容。

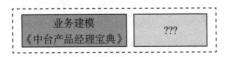

图 3　书与对应的模块

为了补充 M-P 能力模型所欠缺的内容，并将该模型下完整的产品知识体系梳理出来，我又开始了第二本书漫长的撰写过程。

对于这本书，撰写的目标就是为希望冲刺高阶产品经理的读者补充 M-P 模型中数据驱动产品设计这一领域的知识。本书与上一本书相配合，可以帮助希望快速成长的产品人建立起一套完整的高阶产品方法论知识体系。

本书内容

自上一本书出版后,很多读者反馈,特别喜欢我采用通俗的语言来讲述概念,这种模式可以帮助他们理解与吸收相关知识。因此本书仍沿用这种写作方式,以帮助大家更好地理解数据驱动这一领域的内容。此外我在本书中增加了一个贯穿全书的案例来帮助大家全面理解书中的知识点。

本书内容共分为四个篇。

第一篇为概念篇(第1～2章)

这一篇以数据产品经理的工作流为背景,介绍如何掌握数据驱动产品设计的理念,并为大家讲述以管理者的视角来看,产品经理的能力分为哪几类,让大家建立起一个正确的产品设计思维——根据数据现状驱动并决策产品的发展方向。

第二篇为搭建篇(第3～9章)

这一篇展示如何通过一个通用的框架来帮助一家初创公司搭建一个完整的数据分析体系,从需求分析到方案设计都有涉及,并以一个完整案例介绍了整个搭建过程。

第三篇为应用篇(第10～13章)

上一篇建立的数据分析平台的本质是帮助业务人员针对产品的用户进行全生命周期的管理,并使用数据分析常用模型驱动业务决策。本篇内容将从两个维度展开:一是日常运营所用到的模型,二是企业黑客增长所用的模型。这样就可以帮助大家在日常工作中建立完整的运营与增长双体系数据驱动思维了。

第四篇为进阶篇(第14～16章)

通过前面的篇章我们已经学习了数据分析体系的整个搭建过程，本书的最后一篇将为大家带来一个总监级企业战略研判技能，带领大家进入一家企业运作的核心——战略管理的学习。

此外，为了帮助读者日常记忆与复习，我将本书所涉及的内容提炼成100个关键知识点，并以附录的形式提供，方便大家快速查找与翻阅。

致谢

写作是一件痛并快乐着的事情，从确定大纲到完成全稿，可以说是一个巨大的项目。在这个过程中我要感谢编辑Lisa，感谢她以精益求精的态度和责任心帮助我完成了书稿后期的多次审校与修改，并给我提供了很多专业的建议。

此外我还要感谢何秋菲女士，感谢她在我写书过程中给予的鼓励与支持。

希望本书能帮助在产品路上不断前进的你更好地成就自己！

最后，或许是巧合，写完前言的今天刚好是父亲节，那么就请允许我以本书作为父亲节的礼物送给我敬爱的父亲刘伯言，祝父亲身体健康！

刘天　于上海

目录·CONTENTS

前　言

概念篇　数据驱动产品设计概述 / 1

第 1 章　揭开数据产品经理的神秘面纱 / 3

1.1　市面上为什么有那么多类产品经理 / 3
1.2　公司内部的产品经理架构 / 5
　　1.2.1　公司内部的上层建筑 / 6
　　1.2.2　公司内部的底层基础 / 8
1.3　闭环产品体系设计模型 / 10
1.4　数据产品经理的能力模型与分类 / 12
　　1.4.1　数据产品经理的能力模型 / 12
　　1.4.2　数据产品经理的分类 / 16

第 2 章　数据产品经理的工作场景 / 18

2.1　数据产品经理的工作流程 / 18
2.2　业务演进对数据分析的需求 / 19
　　2.2.1　业务演进历程 / 20

2.2.2　企业战略业务演进历程　/　23
　　2.2.3　业务演进中的数据分析　/　32

搭建篇　从零到一搭建数据分析体系　/　33

第 3 章　数据分析体系入门　/　35
3.1　为什么需要数据分析体系　/　35
3.2　数据分析体系概念的常见误区　/　37
3.3　数据分析体系构成框架　/　38
3.4　案例 00：L 电商公司数据分析的背景介绍　/　40

第 4 章　数据分析体系搭建路径　/　43
4.1　通用行动框架　/　43
　　4.1.1　搭建数据分析平台　/　43
　　4.1.2　案例 01：L 公司行动框架梳理　/　44
4.2　工作任务 1：当前业务现状调研　/　46
　　4.2.1　产品生命周期概念　/　47
　　4.2.2　如何判断产品所处阶段　/　50
　　4.2.3　案例 02：L 公司当前业务现状调研　/　55
4.3　工作任务 2：当前数据分析体系调研　/　60
　　4.3.1　案例 03：L 公司当前的数据分析体系调研　/　60
　　4.3.2　如何寻找北极星指标　/　62
4.4　工作任务 3：数据分析平台设计　/　64
　　4.4.1　演进蓝图设计　/　65
　　4.4.2　案例 04：L 公司数据分析平台的规划　/　66
4.5　工作任务 4：数据分析体系驱动决策　/　68
　　4.5.1　数据驱动决策思维的建立　/　68
　　4.5.2　案例 05：L 公司的数据驱动决策　/　68

第 5 章　玩转数据报表设计 / 70

5.1　数据报表设计 / 70

5.2　案例 06：L 公司的数据报表设计 / 71

5.3　数据报表分析法 / 73

5.4　案例 07：L 公司基于数据报表的分析 / 75

5.5　数据源管理 / 77

5.6　案例 08：L 公司数据底层取用逻辑改造 / 81

第 6 章　数据指标 / 87

6.1　指标是什么 / 88

6.2　指标的基本构成 / 89

　　6.2.1　指标的构成公式 / 90

　　6.2.2　案例 09：L 公司电商平台指标库的梳理 / 92

6.3　指标体系 / 96

第 7 章　从零开始设计指标体系 / 98

7.1　指标体系建立方法论 / 98

7.2　确定数据分析目标 / 99

7.3　纵向指标维度定义 / 100

　　7.3.1　为什么要定义指标体系的深度 / 100

　　7.3.2　案例 10：L 公司纵向指标维度定义 / 101

7.4　横向指标维度定义 / 102

　　7.4.1　指标的寻找方法 / 103

　　7.4.2　自上而下的指标寻找法 / 103

　　7.4.3　自下而上的指标寻找法 / 106

　　7.4.4　案例 11：L 公司横向指标维度定义 / 107

　　7.4.5　电商类业务常用指标库 / 111

7.5　拓展：指标体系的应用 / 112

　　7.5.1　99 元健身卡的数据秘密 / 112

7.5.2 网盘容量免费大战的背后 / 113

第 8 章　数据采集管理 / 116

8.1　数据采集的常见方式 / 117

8.2　案例 12：L 公司数据采集定义 / 118

8.3　数据核心采集方式：埋点 / 120

    8.3.1　原则 1：反应事件 / 120

    8.3.2　原则 2：描述完整 / 121

    8.3.3　原则 3：用户追踪 / 121

    8.3.4　案例 13：L 公司埋点设计分析 / 122

    8.3.5　案例 14：撰写数据埋点文档 / 125

第 9 章　拓展：数据分析平台 2.0 / 128

9.1　案例 15：L 公司数据分析平台 2.0 / 128

9.2　案例 16：L 公司线下零售业务数据模型 / 129

9.3　案例 17：L 公司最小数据中台的建设 / 134

应用篇　数据分析体系驱动业务决策 / 141

第 10 章　数据驱动业务决策框架 / 143

10.1　什么是数据驱动业务决策框架 / 143

10.2　数据驱动业务决策框架的组成 / 145

第 11 章　日常运营的十八般武艺 / 148

11.1　案例 18：L 公司电商的日常运营 / 148

11.2　商品运营数据模型 / 149

    11.2.1　案例 19：L 公司的商品运营 / 150

    11.2.2　杜邦分析模型 / 155

    11.2.3　案例 20：L 公司杜邦分析实战 / 156

11.3 用户运营数据模型 / 158

    11.3.1 用户流失 / 158

    11.3.2 用户召回 / 161

    11.3.3 用户留存 / 161

    11.3.4 案例 21：L 公司的用户运营 / 164

11.4 产品运营数据模型 / 168

    11.4.1 什么是数据事件 / 168

    11.4.2 案例 22：L 公司的产品运营 / 169

    11.4.3 通用事件定义 / 170

    11.4.4 案例 23：L 公司漏斗分析实战 / 171

第 12 章 数据助力实现黑客增长 / 175

12.1 什么是黑客增长 / 175

12.2 黑客增长的实现 / 176

    12.2.1 黑客增长的核心 6 步 / 176

    12.2.2 案例 24：L 公司提升平台单日用户加购量 / 177

12.3 案例 25：L 公司电商的黑客增长 / 179

12.4 用户增长数据模型 / 179

    12.4.1 用户分层模型 / 180

    12.4.2 用户生命周期分层 / 182

    12.4.3 高阶分层模型：RFM / 184

12.5 渠道增长数据模型 / 186

    12.5.1 归因分析 / 187

    12.5.2 常见的归因模型 / 187

    12.5.3 案例 26：L 公司归因分析模型应用 / 189

12.6 产品增长数据模型 / 190

    12.6.1 AARRR 模型 / 191

    12.6.2 案例 27：L 公司 AARRR 模型关键环节实战 / 194

　　　　12.6.3　NPS 推荐值模型 / 198
　　　　12.6.4　案例 28：L 公司的 NPS 模型应用 / 200
　　　　12.6.5　A/B Test 模型 / 203
　　　　12.6.6　案例 29：L 公司的 A/B Test 模型应用 / 206

第 13 章　L 公司数据模型综合案例 / 212

13.1　案例 30：L 公司会员付费率增长方案 / 212
13.2　案例 31：L 公司会员付费率增长运营 / 213
13.3　案例 32：L 公司中的辛普森悖论 / 218
13.4　案例 33：L 公司 1.0 方案投放验证 / 221

进阶篇　跟 CEO 学习企业战略研判 / 225

第 14 章　数据驱动下的企业战略规划 / 227

14.1　企业战略规划是什么 / 228
　　14.1.1　企业战略规划定义 / 228
　　14.1.2　从两个维度读懂企业战略规划 / 229
14.2　为什么要懂企业战略规划 / 230
　　14.2.1　跳出工具人的设定 / 230
　　14.2.2　进入企业决策层 / 232
　　14.2.3　理解企业是如何运作的 / 233

第 15 章　企业战略规划分析 / 234

15.1　企业战略 / 236
15.2　企业经营阶段 / 238
　　15.2.1　产品阶段 / 238
　　15.2.2　运营规模化阶段 / 240
　　15.2.3　持续经营阶段 / 243

    15.2.4 资本扩张阶段 / 245

 15.3 企业经营管理 / 245

第 16 章 基于企业战略规划驱动产品设计 / 248

 16.1 业务发展目标拆解 / 248

    16.1.1 步骤 01：明确企业战略指标 / 249

    16.1.2 步骤 02：拆解关键转化链路 / 250

    16.1.3 步骤 03：确定业务发展计划 / 252

    16.1.4 步骤 04：罗列业务干系人的影响 / 254

    16.1.5 步骤 05：制订产品计划 / 254

 16.2 产品架构落地 / 254

附 录 **全书 100 个核心知识点速查** / 259

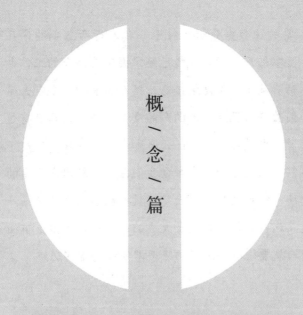

数据驱动产品设计概述

为什么要关注数据分析？对于一名入行两三年的产品经理来说，基本的产品设计技能已经掌握了，每天的工作也终于不再手忙脚乱了，但是紧接着，摆在面前的一个巨大问题就是：如何验证自己所设计的产品及其功能是正确且有效的。换句话说，也就是用户为什么愿意为产品买单。

这时就需要用数据分析来帮助我们在无法与用户沟通的情况下，快速掌握市场反应。而掌握数据驱动能力的数据产品经理就是集这些知识、技能于大成的一个神秘岗位，下面就来具体看看想要进阶高级产品经理需要经过哪些历练。

CHAPTER1・第 1 章

揭开数据产品经理的神秘面纱

首先想问正在阅读本书的你一个问题：知道数据产品经理在一家公司中所起的作用是什么吗？

在开始讲述数据驱动产品发展的"十八般武艺"前，我们有必要对数据产品经理这个岗位有个正确的理解，因此下文会利用一定的篇幅来回答这个问题。

1.1 市面上为什么有那么多类产品经理

随便打开一个招聘平台，搜索"产品经理"这四个字，就会出现非常多的搜索结果项，如图 1-1 所示。

这些看上去都带着产品经理标签的不同岗位有什么区别呢？既然本章是在介绍数据产品经理，那么我们不妨用数据分析中常用的结构

化思维来帮助大家理解。仔细思考"岗位"这个概念,你就会发现任何一个岗位都可以按如下两个维度进行拆解:

$$岗位 = 职级定义 + 职能定义$$

图 1-1 搜索"产品经理"的结果

职级和职能又代表什么呢?下面我们分别来看看。

- 职级:是对某个岗位熟练程度的一种描述,如我们经常听到的产品助理、产品经理、高级产品经理、产品专家、产品总监等。
- 职能:是对这个岗位具体要从事什么工作及所涉及领域的定义,如增长(负责产品用户增长)、业务(负责功能设计)、数据分析(负责对业务数据的分析)等。

可见，之所以有这么多类的产品经理岗位，是因为企业在发展过程中的各个领域都会遇到这样那样的问题，这时就需要由该领域的专业人员来进行解决。又因为所面临的这些问题有大有小，难度也各不相同，所以企业需要招聘不同熟练程度的人员建立起由高到低的人才梯队，以此来降低成本。

回到数据产品经理这个岗位，它其实指的是企业在面临数据分析相关业务时所需要的不同熟练程度的技能人员。这就是对数据产品经理的准确定义。

1.2 公司内部的产品经理架构

上一节介绍了数据产品经理岗位这一概念的由来，相信大家已经知道，它是公司为了解决业务发展过程中出现的不同问题而设置的。

弄清楚了这一点之后，下一步我们来看一看公司内部到底需要哪些产品经理，以解决企业日常运转过程中所遇到的问题，而这其中，数据产品经理又对公司的业务发展有着怎样的助力。

这里先用一张公司内部的产品经理"架构图"（如图1-2所示），来让大家对各类产品经理的具体分工有一个整体的认识。

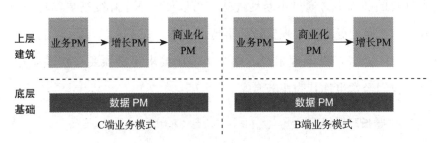

图1-2 数据产品经理"架构"

1.2.1 公司内部的上层建筑

在图 1-2 中我们能看到平时在工作中可以见到的很多产品经理岗位，经过抽象后可以分为这 4 类产品经理：业务产品经理、增长产品经理、商业化产品经理和数据产品经理。

读到这里大家可能已经有点懵了，数据产品经理概念还没有搞太清楚，怎么突然又出来了其他的几类产品经理，不用害怕，下面将一一为大家做出解释。

1. 业务产品经理

业务产品经理又可以称为功能产品经理。通常一些项目的实现，比如设计一个商品管理功能、确定仓库分拣作业流程等，都是由业务产品经理完成的。

这一类产品经理的核心竞争力在于对某一行业的业务知识的掌握程度，如生鲜供应链产品经理，就要很熟悉生鲜商品的整个配送过程，即如何从产地加工、运输、入库保存，并最终通过物流配送到用户手上。当然随着工作细分，以上四类工作还可以被再次拆分，由不同类的业务产品经理具体负责。

由此可以得出业务产品经理的完整定义：在对业务逻辑有一个清晰理解的前提下，通过不断地优化，可以使线下工作变得更简单与高效，这就是业务产品经理要做的事情。

对于业务产品经理来说，这个岗位的要求是必须要非常懂业务，所以我们经常也称其为业务专家。

2. 增长产品经理

还是以前面的电商示例为例，在有了业务产品经理后，通过这些业务产品经理的辛勤劳作，我们就会得到一个完整的从供应链到商城的服务全流程，并且可以顺利完成电商平台的建设与开发上线。

但是如果只是打造一个软件平台而没有真实的用户使用，那么这个产品是没有任何意义的。此时就需要增长产品经理出马了，他会去为平台获客，帮助我们把真实的用户引入系统中，让他们使用我们的产品，这就是增长产品经理要做的事情。

具体来说，增长产品经理通常都会通过如下几种方法来引流获客：

- 广告的投放。
- 营销活动策划。
- 线上线下联动。

增长产品经理的核心目标就是让用户知道我们的这款产品，并且使用它。

3. 商业化产品经理

电商平台搭建起来后，通过增长产品经理的工作，让用户成功进入平台并在这个平台中下单，此时就要进行企业最重要的一步——商业化。

大家都知道，企业本身不是慈善机构，它存在的根本目的是帮助股东获得利润，从而满足股东投资企业的初衷。

因此，有用户接受电商平台并开始产生黏性后，要怎样做才能挣到钱，就是商业化产品经理要考虑的问题了。

商业化产品经理最常见的变现方法有如下几种：

- 在电商平台设置或制定一些销售策略，如设置定价模型，然后从买卖商品的过程中挣取差价。

- 面向商家开发新的收费服务，如商城联合品牌开展新品宣发，提供流量曝光。
- 面向用户开启预充值服务，收取会员费。这几年越来越多的电商推出了自己的会员服务，这就是商业化产品经理规划的成果。

1.2.2 公司内部的底层基础

总的来讲，前面介绍的三类产品经理可以称为一家公司的上层职位，他们相互配合，指导公司的发展方向。

但是我们都知道，经济基础决定上层建筑，一座大楼如果没有扎实的地基，只有上层建筑是不可能稳定的，这里的地基即经济基础。

也就是说，即使是把电商平台做出来了，把用户吸引进来了，也设置了很多的变现方式，仍要在市场中经受得住考验，才算有了底层基础。

而这时就是数据产品经理发挥作用的时候了，数据产品经理会通过一系列的指标来告诉你整个业务是否被市场所接受。先来看一些示例。

- 平台内设计了很多的功能，但数据产品经理通过监测用户的触发事件，发现用户只用了其中的某一两个功能，而且只用了一到两次。这说明产品设计不被市场接受。
- 花费了数十万元购买某个渠道的流量。数据产品经理通过监测各渠道用户的激活率，发现只有不到1000位用户下载并激活了App。这说明增长策略不被市场接受。
- 设计了很多变现方式，如会员服务。数据产品经理通过监测会员付费率，发现付费率极低，而且续费率几乎为零。这说明变现模式不被市场接受。

通过以上示例可以看到，企业中数据产品经理这个职位其实是非常重要的，只有他才能帮助我们清晰地定位产品投放市场后的每一步是好还是坏。所以也经常会有人说数据产品经理是和业务负责人最亲近的人，因为业务负责人无法让自己对业务中每件事的认知都深入最底层，例如了解一个按钮到底要怎么放，用户到底是怎么开始使用产品的等。业务负责人最关注的是整个业务的发展状态，如根据业务近期的收入与支出间的差额，确定这个业务到底是盈利还是亏损。而这些都是基于数据产品经理给出的业务数据汇总所得。可见，数据产品经理是整个业务中很重要的一个环节。

数据产品经理的核心作用和工作范畴总结如下。

（1）数据产品经理在企业中的核心作用

数据产品经理是公司业务迭代情况的"指南针"。因为在企业运营过程中有很多问题是没有办法直观觉察出来的，所以此时就需要借助辅助工具来为企业指明方向，就像在航海过程中，我们需要通过指南针来快速定位航行方向一样。

在公司业务的迭代过程中，很多时候我们不知道产品到底是好还是坏，如开发了新的产品功能，也做了迭代更新，所做这些对用户的增长、对公司的盈利是否有帮助却无法确定。那么这时就需要数据产品经理建立数据分析框架，从而帮助企业得到具体的市场反馈，确定到底是增长还是降低，进而在此基础上帮助企业分析它的经营情况，所以我们说数据产品经理就是一家企业的指南针。

（2）数据产品经理的日常工作任务

数据产品经理的日常工作就是发现并解决问题，琢磨目标用户的痛点。具体来说，数据产品经理在日常中的分析工作主要围绕表1-1

中所示的五类问题展开。

表 1-1 数据产品经理日常分析工作范畴

类别	分析问题	说明	常见分析指标
市场层面	用户运营	分析用户行为与用户留存	用户标签、点击行为
	渠道运营	分析渠道拉新能力与用户质量	渠道拉新量、ROI
产品层面	产品迭代	分析各功能的市场接受度	功能使用率、转化率
	内容运营	商品分析与资讯阅读分析等	点击率、转发率
	活动运营	分析产品内部运营活动效果	触达率、点击率、参与 UV

1.3 闭环产品体系设计模型

笔者曾在《中台产品经理宝典》一书中提出过一个闭环产品体系设计模型，这也是所有想成为业务操盘手的读者所必须要掌握的模型。

为什么要掌握这个模型呢？还是先来看一个案例，笔者曾遇到一位创业者，该创业者的项目初衷是做一个打车应用 3.0，专门为老年人打车服务，起因是觉得市场上的这些打车软件对于老年人群体来说非常不友好。

当时这位创业者针对一些老人进行了调研，发现确实有这个需求，然后就去组织团队开始了产品开发，但是和很多初创者一样，在将产品投放到市场后，他没有去关注市场的声音到底是怎样的（或者说没有一些好的渠道与方法获取市场的声音），他所关注的只是打车 App 的日活有没有增加，如果日活没有增加，在他的认知中就觉得产品缺失了某种功能，至于为什么是缺失功能，这完全是企业管理者（也就是他自己）揣摩的。

而后他的团队根据他的要求开始了新一轮的产品功能迭代，但市场反馈仍旧惨淡，在经过数次的广告投放之后也只是收获了很少的用户量，而在整个过程中他始终没有去分析市场数据。

很多时候，市场特征其实已经反映了这个产品的核心模式是否成立，也就是说，我们自己拍脑袋定出的这些需求是否被市场接受。

因此作为初创企业，在产品零启动的时候，就应该先通过数据分析去判断一下这个方向的可行性，否则等企业投入数十万市场推广费用后，才发现产品并不是用户真正需要的，那就晚了。

产品迭代的正确循环模式可以通过图1-3来概括。

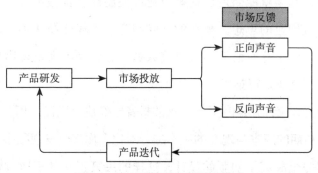

图1-3　产品迭代的正确循环模式

首先企业在将产品投放到市场之后，需要快速判断用户对产品的接受度，接下来要对市场接受的功能进行迭代优化。对于用户接受度较低的功能，我们要么选择直接砍掉，要么去尝试新的方向，从而快速将这些市场的负面声音转化为正面声音，这才是一个正确、良好的运营循环模式。

这个循环模式，笔者把它称为闭环产品体系设计模型。

当然，这个循环的核心就是通过数据分析来判断市场的声音，这也是数据分析对企业重要性的体现。

笔者在给企业授课的时候，通常都会给他们推荐这个模型。希望各位读者在看完本书之后，也能建立起自己的一套数据分析体系，进而去准确判断一家公司的好坏，以及他的业务潜力。

很多时候，用户的反馈并不是他们自己说出来的，而是通过行为展示出来的，建立数据分析体系的终极目标就是能从用户的数据中给公司一个非常正确的反馈。

笔者在帮助投行的人了解某公司时，会非常关注他们在企业内部对于数据层面的理解和应用（特别是互联网产品）。如果他们对数据层面不重视，基本就能断定出这家企业即使能成功也做不大，因为他没有这种精益创业的思想。现在的互联网竞争市场已经达到一个充分饱和的状态，如果这时候再不去尊重数据，也就是不去重视用户反馈的声音，那么企业是很难成功的。

例如，大家都知道时下非常火的抖音已经成为国民应用，但是，如果将抖音初期的版本与现在的版本进行对比，你就会发现很多功能已经被迭代到完全脱离了初版的设计，这样的决策正是基于通过数据分析获取的市场用户的反馈做出的，这也是数据产品驱动循环作用的体现。

1.4 数据产品经理的能力模型与分类

在了解完数据产品经理的概念后，接下来我们来看看这个岗位具体的能力模型与分类。

1.4.1 数据产品经理的能力模型

如果我们想要对某个岗位有清楚的认知，那么最简单的方法就是看招聘启事中对岗位的要求是什么,也就是需要掌握哪些能力才能胜任这个岗位。

这里摘取了数据领域常见的三类工作岗位的招聘启事,一起来拆解每个岗位的侧重点。

(1)数据分析师

数据分析师的招聘启事如图1-4所示。

数据分析师 / 15k~25k · 15薪

职位描述:

职责描述:
1. 从本部门需求角度主导业务数据分析工作,涉及用户分析、产品分析、内容分析、营销分析。能定期出具公司整体运营分析报告供部门及公司领导决策,并能独立承担专题分析工作;
2. 梳理各类业务需求,整理成数据需求设计文档;
3. 负责数据字典管理、发布和更新。

任职要求:
1. 计算机专业或统计分析相关专业本科及以上学历;
2. 具有2年或以上的数据分析工作经验;
3. 1年左右互联网工作经验,对用户运营、产品运营、内容运营、活动运营等相关业务有基本了解;
4. 熟悉hiveSQL工具或其他SQL开发工具,具有1年以上SQL开发经验;
5. 熟悉业界常见的多维分析模型,包括星型模型、雪花模型、宽表模型等;
6. 具备能够利用Word、Powerpoint工具撰写分析报告材料的能力;
7. 具备较强的学习能力。

图1-4 数据分析师招聘启事

数据分析师这一岗位的具体工作如下:

- 负责业务运营报告的制作。
- 负责公司内数据字典的管理。

(2)数据运营

数据运营的招聘启事如图1-5所示。

> **数据运营 / 15k～30k・16薪**
>
> **职位描述：**
>
> 1. 搭建数据分析模型，为日常运营活动提供数据支持，能够基于数据分析给业务发展提供策略和建议；
> 2. 负责对平台用户、交易、商品等维度数据进行监控跟踪与分析，建立数据汇报模板；
> 3. 负责对平台各类活动进行复盘数据分析，定期提供运营分析报告，将分析结论和运营建议提供给各部门；
> 4. 负责对会员进行漏斗分析，完成会员分层，利用数据提出运营及营销建议；
> 5. 熟悉了解P&L，协助制定补贴策略和分析运营投入产出。
>
> **任职要求：**
>
> 1. 具有3年以上数据分析经验，以及丰富的电商行业数据分析、数据产品经验；
> 2. 具备良好的分析总结和数据报告呈现能力，能够系统性地思考和分析问题；
> 3. 熟悉电商相关的数据产品，了解电商相关维度的指标及提升方法；
> 4. 善于沟通，工作细心，执行能力强，具有很强的事业进取心与自我驱动。

图 1-5　数据运营招聘启事

数据运营这一岗位的具体工作如下：

- 负责业务运行实时监控。
- 负责业务增长策略复盘与分析。
- 负责业务分析模型的定义。

（3）数据产品经理

数据产品经理的招聘启事如图 1-6 所示。

数据产品经理这一岗位的具体工作如下：

- 负责业务的数据模型定义。
- 负责数据体系的标准化。
- 负责将数据分析产品化，形成数据工具。

有些数据产品经理能力模型是将数据分析师或数据运营的能力模

型照搬过来的，这显然是不对的，因为这三者的工作完全不同。以笔者个人经验来看，这三者最大的区别如下。

数据产品经理 / 25k～40k

职位描述：

职位描述：
1. 负责公司生鲜平台业务的数据模型设计，充分理解业务，收集、挖掘业务需求，提出数据解决方案；
2. 搭建数据指标体系，保证数据指标口径统一和数据的准确性，梳理数据采集、处理、存储、展现全流程，规范过程文档；
3. 跟进大数据产品的研发、上线及测试全流程，跟进数据产品数据层的开发及测试工作，对数据结果进行验收；
4. 关注大数据产品应用相关方向的研究，能够结合产品特点，设计数据个性化产品及可视化产品；
5. 支持各类用户对数据的洞察，能出具专业的数据分析报告，优化产品和运营的方向，如常规业务分析、用户行为、转化、漏斗分析等。

任职要求：
1. 本科及以上学历，计算机、数学相关专业优先；能够理解大数据产品的商业模式和产业生态，对产品形态和推进方式有全面的思考；
2. 熟悉电商或零售领域，了解相关的销售指标和数据报表，对数据非常敏感，实施过用户画像/营销分析/数据埋点相关的数据项目。

图 1-6 数据产品经理招聘启事

- 数据分析师：是满足重点数据结果需求的岗位。例如，整个平台的交易量相较于上周下降了 30%，想要知道其中的原因，就需要数据分析师进行归因分析。
- 数据运营：是满足客户需求的岗位，而这里的需求是通过数据及时发现的。例如，通过数据分析对用户偏好设置标签。
- 数据产品经理：是满足持久性数据需求的岗位。例如，需要监控平台的会员下单率及每日的变化情况，此时就需要数据产品经理去搭建一个数据平台。

总的来看，数据产品经理的核心工作，就是封装底层的数据分析方法，建立起一套自主分析工具，从而让使用者不需要掌握非常专业的数据分析知识也能快速看到整个平台的业务变化情况（当然这在产品设计模式里也有一个很专业的名词，叫作封装）。

因此，正确的数据产品经理能力模型应该如表 1-2 所示。

表 1-2 数据产品经理能力模型

能力范畴	能力项目	能力描述
专业能力	业务知识	能清楚地知道该业务中的核心问题及量化方式
	数据采集	数据源定义
	数据清洗	数据价值判断
	数据建模	描述性分析：分析现状
		预测性分析：分析未来
		归因分析：原因分析
		验证性分析：验证假设
	数据指标	数据口径定义
	数据载体设计	数据处理流程设计
		数据展现平台设计
通用能力	需求分析	通用产品经理技能
	原型绘制	
	项目管理	

1.4.2 数据产品经理的分类

前面已对公司内部的产品经理架构做了介绍，并分析了公司内部不同类产品经理的分工。这里再聚焦到数据产品经理内部，看一下数据产品经理岗位又可以分为哪几类。

从产出的角度来说，可以将数据产品经理大体分为以下两类。

（1）数据工具类产品经理

这类数据产品经理主要服务于开发团队，相当于半个技术专家，需要负责数据埋点、数据采集定义、ETL 数据开发和数仓搭建等数据底层架构建设，需要对技术有较强的掌握。产出一般是数仓建设方案、取数逻辑等企业数据工具。

鉴于对这一类数据产品经理的技术有较高要求，所以不建议想要转型或入门的读者从这个方向开始，因为需要学习的技术门槛过高。此类数据产品经理不是本书讨论的重点。

（2）业务数据产品经理

这类数据产品经理主要服务于业务运营团队，负责量化运营过程，为达成业务目标和决策提供数据分析。其产出一般为订单流转分析、营销活动分析与销售转化分析等，可以看到，这些产出都与企业的商业动作紧密相连，因此这类数据产品经理对某行业的业务运作会有深入的理解与认知。例如，外卖数据产品经理需要对外卖市场情况、外卖店铺运营模式等业务知识了然于胸。

这一类数据产品经理主要解决的是如何精确度量商业需求的问题，我们绝大多数人每天都生活在这样的商业环境下，对于企业商业模式或多或少都有一定的理解，因此入此行比较容易，而且后续要深入理解业务也会比前一类简单许多。

数据产品经理的基本概念就介绍到这里，后面将以业务类数据产品经理作为本书的讨论主题，下一章就来一起认识这类产品经理具体的日常工作场景。

第 2 章·CHAPTER2

数据产品经理的工作场景

2.1 数据产品经理的工作流程

如果以横向视角去看一个数据产品从策划到诞生的全流程，可以得到如图 2-1 所示的数据产品经理工作流程。

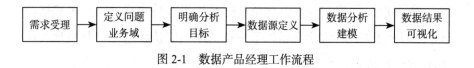

图 2-1 数据产品经理工作流程

下面针对此流程逐项地做出具体分析。

1）需求受理：接受业务方提出的数据需求，比如，想要知道某活动的效果情况；

2）定义问题业务域：确定具体分析的数据属于什么业务，比如，是商品活动，还是拉新活动；

3)明确分析目标:将数据需求进行拆解,确定具体对应的指标或数据事件是什么,比如,活动效果等于对转化率指标的监控;

4)数据源定义:确定分析目标的数据源从何而来,比如,是从平台活动的埋点数据而来,还是从产品已有的埋点数据而来;

5)数据分析建模:将得到的数据进行抽象,从而得到标准化的节点,比如,将活动效果评估分为活动触达、活动引入、活动转化这三个关键节点;

6)数据结果可视化:使用表格或数据图将得出的分析结果展示出来。

从上述分析不难发现,数据分析其实是业务梳理和数据设计这两个部分的组合。这也再次印证了要想玩转数据分析,除了掌握一些数据分析常用的方法与模型外,更重要的是要选择一个正确的业务方向(即领域),而且要对该领域内的业务运作模式有相当的了解。但这正是部分数据产品经理所欠缺的。有的数据产品经理会认为,自己只要专注于具体功能的实现就可以了。这种想法是不正确的,因为忽略了其最本质的东西:一切数据产品都是在为业务服务,从某种意义上讲,业务不需要数据也可以运行,但是数据分析如果脱离了业务就变得毫无价值了。

2.2 业务演进对数据分析的需求

从横向视角了解了数据产品经理的工作流程,下面再从业务的起步到成熟发展的纵向视角(即业务负责人的角度)为大家剖析在业务演进过程中,什么样的场景会促使业务负责人意识到需要数据介入,而数据的介入又为业务发展起到了怎样的作用。

2.2.1 业务演进历程

首先我们需要知道什么叫作业务演进历程,所谓业务演进历程就是指一个产品在受到外部市场变化的影响后,进行自身调整以不断响应市场变化的过程。

之所以要明白业务演进历程,是为了掌握业务的一般性变化规律,从而帮助我们在一开始设计数据产品时,就能考虑到产品的扩展性。这也是衡量一个数据产品经理专业与否的重要准则。

下面先以商城运营后台这一产品为例,看看单一产品线一般会受到什么因素影响,以及产品是如何演进以应对变化的。

假设我们现在身处一家创业公司中,因为商城系统上线初期业务量不大,故而整个商城的后台是融合在一起开发的,也就是一个后台里面集合了商品管理、订单管理、会员管理与库存管理这四大服务,它们是商城运营后台系统的子模块,整体功能架构如图 2-2 所示。

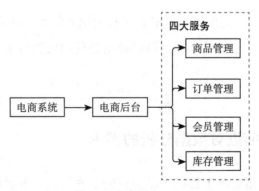

图 2-2　电商后台 V1.0

下面聚焦到电商系统四大服务中的商品管理模块及其功能上,初期的商品管理模块一共只有两个子功能,如图 2-3 所示。

```
商品管理  =  商品信息管理  +  商品价格管理
```

图 2-3　商品管理 V1.0

随着业务订单量的增长，公司为了更高效地进行商品管理，决定将商品模块从原后台中独立出来，并扩充为一个独立的商品中心，让商品运营团队不用再混杂在后台里进行操作。

具体来说，如果将所有的商品管理任务都交由一个商品团队支持与维护，当业务上产生运营瓶颈时，则可推断需要重构产品模块。

例如，商品信息管理中的"商品基本信息建档"与"商品活动信息创建"在本质上是两个完全不同的业务，而在当下却是交由同一个人进行管理的，该员工由于每天有很多商品建档的工作要做，以至于无法专注地思考进而设计出高价值的运营活动。可见，业务量增大之后就对团队提出了新的要求：人员的专职化。

所以在商品数量种类与商城订单量急剧上升的时候，我们就要调整人员结构了。以往我们可能是一个业务人员同时管理商品信息的创建与商品活动的创建，现在就需要交由两个不同的专职人员进行管理了。

在产品层面，基于团队管理的封闭性，这两个业务也就无法放在同一个模块中使用了，得将商品活动的创建从商品信息的管理中独立出来，单独为之设计一个新功能：商品活动管理，如图 2-4 所示。

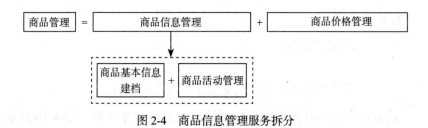

图 2-4　商品信息管理服务拆分

与此同时，由于商品数量的增加与电商定价方式的增多，商品价格管理也出现了多个子需求：

- 竞品定价。
- 自动定价。
- 品类锁价。

此时的商品价格管理也需要由独立的专职人员维护，因此价格系统也被从商品管理中拆分出来，拆分成价格设置与竞品价格监控管理这两个功能，如图 2-5 所示。

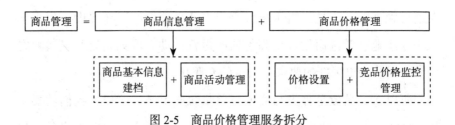

图 2-5　商品价格管理服务拆分

从图 2-5 可以看出，最初后台中的一个商品模块已不断升级，现在成了商品中心，其下设置了如下功能：

- 商品基本信息建档。
- 商品活动管理。
- 价格设置。
- 竞品价格监控管理。

整个电商后台最终演化发展的结果如图 2-6 所示。

在上述案例中，企业内部的电商运营后台发生演进的驱动因素是业务量的增长带来的人员专职化，而为了配合内部的分职运营，产品层面需要将不同的模块进行分离。所以，数据层面在设计之初就应该提前考虑按照不同维度进行划分。

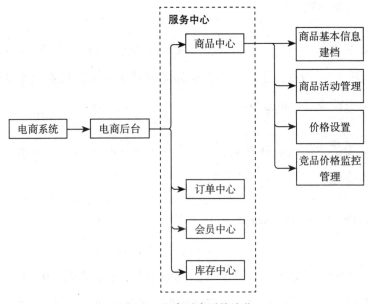

图 2-6　电商后台系统演化

2.2.2　企业战略业务演进历程

通过对电商后台系统的演化进行讲解，我们对业务演进历程这一概念有了初步认知，下一步我们要上升一个维度——正式踏入数据产品的设计环节，进而了解在规划数据产品时要掌握的企业战略业务演进历程。

学习企业战略业务演进历程可帮助大家轻松理解常见的企业决策背后的驱动因素：

- 以 A 业务起家的一家公司为什么在不断的发展中会选择将业务范围拓展到 B、C、D 业务中？

> 我们在很多产品场合听到"从零到一"这种表述,那么"从零到一"到底是个什么样的过程,负责人又是如何定义企业发展战略的呢?

接下来就以一家虚拟公司——A 影视票务公司为例,通过它的业务多元化发展历程,了解一个企业如何在发展中不断根据行业发展情况去动态调整自己的业务战略。

注意: 为了方便大家理解概念,本案例中对一些子节点的描述进行了适当的简化。

阶段 1:行业初期探索

小明是 A 影视票务公司(下面简称 A 公司)的产品经理,公司现阶段的主营业务是在自有平台上售卖电影票,公司的盈利模式也很简单,在电影票的销售额中抽取部分作为票务服务费。

例如一张线下售卖 65 元的电影票,A 公司能以 35 元一张的成本价拿到,并在平台中以 45 元的价格出售,故此张电影票的毛利为 10 元。

由于此时主营业务只有电影票的售卖,所以公司的产品架构也很简单,如图 2-7 所示。

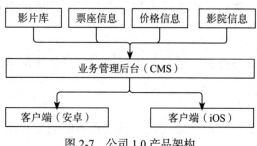

图 2-7 公司 1.0 产品架构

但是每个行业都存在竞争，随着行业的发展，不断有竞争者进入此行业。互联网行业的巨头也发现了这一新兴市场，随即投入了海量资源并开发了对应的产品加入在线售卖电影票市场中，此外，各大影院的官方 App 也加入了竞争行列。

市场的份额空间是有限的，对于电影票领域来说，经常有观影习惯的人群就这么多，所以在新的流量被瓜分干净后，各大公司为了能够抢占市场份额，只能进入零和博弈的阶段，也就是去抢占竞争对手的市场份额，因此各公司开始争先恐后地采用最常见也是最有效的竞争方法——打价格战。

一时间各大票务平台的电影票售价开始呈竞争式下降，你卖 35 块一张，我就降到 30 块一张，甚至更低。

此时，作为 A 公司的产品经理小明除了要面对商业模式上的惨烈竞争外，还被领导安排了一个头疼的任务：分析一下平台上的用户规模是怎样的，他们的偏好如何，从而有方向性地制定竞争方案。

小明将任务进行仔细拆解后，发现领导的需求本质就是要用数据针对如下部分进行监控。

- 公司现有的用户规模统计：每日平台新增用户情况、用户留存率、现有用户基数、日交易金额和订单量。
- 用户画像分析：平台中购票的用户都是哪些类型的人，偏好什么类型的电影，以及决定是否购买电影票的关键影响因素是什么（价格/电影类型/明星）。
- 降价效果评估：基于上一步的用户画像，测算同类型电影如果每降价 1 元所带来的购票用户转化率。

面对如上的数据需求,小明建设性地推出了如图2-8所示的数据分析平台。

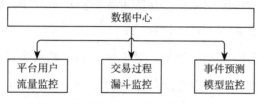

图2-8 数据分析平台关键模块1.0架构

数据分析平台1.0架构有如下三个主要功能。

- 平台用户流量监控:各渠道每日拉新能力大小以及后续拉新情况。
- 交易过程漏斗监控:监测核心交易链路,掌握用户下单各环节的转化数据与流失情况。
- 事件预测模型监控:通过对一定特征的用户进行建模,来预测群体行为特征。

虽然搭建完了数据分析平台,公司也根据数据分析平台为找出的价格敏感型用户推送了相应的票价促销信息,但是由于各家票务公司的票价补贴愈演愈烈,市场中充满了非理性营销(以远低于成本的方式进行电影票促销),甚至出现了免费看电影的营销活动,一时间市场很快就发展到一个饱和期,此时A公司的利润骤降。

阶段2:业务多元化战略启动

当企业出现这样的业务危机时,企业的决策者就会去思考,不能把鸡蛋都放到一个篮子里,现在公司的当前业务已经出现利润下滑,如果持续下滑就会导致公司彻底被击败,也就不得不退出票务市场进行止损,那么下一步公司的发展点在哪呢?

伴随着对这个问题的思考，企业业务的多元化进程就此拉开了帷幕。

通常来说，企业的多元化方向都会优先考虑原业务所在的产业链上下游，因为这样既可以巩固企业现有的业务，又能基于现有业务的基础去低成本实现业务多元化，称得上是"一箭双雕"。

但是只有思路是不够的，作为票务公司的决策者，必须要明确具体开展哪个业务，以及如何开展。所以实际上摆在企业决策者面前的问题已经转换为在一个价值链中如何锁定自己的新目标。

当然，企业的决策者可以指派他人来帮自己出谋划策，因此企业中唯一的产品经理小明就被领导赋予了新的使命——去探索新目标的可行性方向。

接到这个任务后，小明做的第一件事就是通过市场分析去了解电影产业链的全貌，经过一番调查后，他得出了整个电影产业链可以划分为如图 2-9 所示的 7 个环节。

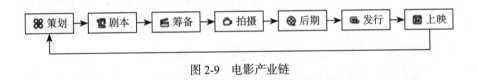

图 2-9　电影产业链

在这 7 个环节中又要从哪个环节入手呢？在将上面的调研结果汇报给领导后，他们有了如下的思考：

首先，公司不是电影制作领域的，而拍电影又是一个对专业度要求极高的工作。其次，公司之前的业务形态中完全没有制作电影这方面的基础，更没有任何编剧与导演策划的能力储备，所以此时如果要切入电影制作领域，就需要投入很大的财力与物力去从零开始建设，而失败的风险也是极高的,所以制作电影的前 5 个高门槛环节就直接被排除掉了,如图 2-10 所示。

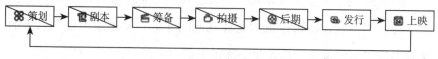

图 2-10　产业链排除法

此时电影产业链就只剩下发行和上映这两个环节,通过深入分析,小明发现上映这个环节的核心工作就是将电影送去电影院进行放映,而想要在上映环节拥有议价权,需要公司拥有足够多的合作影院,这样影片方才会和你谈判让出利润。

A 公司作为一个轻资产的公司,根本就没有线下的实体场地,如果要进入这一领域,就要去建设电影院或者与其他电影院联合,但这又意味着将有漫长的合作谈判等待与巨大的资源投入,所以上映这一环节也被排除掉了。

现在摆在 A 公司面前的就只剩下发行这一个业务了,发行是做什么的呢?其实就是帮助影视公司去做宣传,让人们知道这个电影,具体来说分为线上的信息分发与线下的电影院渠道合作这两部分。

领导在听完小明的阐述后,立马觉得这个业务方向很适合公司的下一步规划。

因为通过之前的售票业务,A 公司已经积累了一大群垂直的电影消费者用户,并且已经有了对应的用户偏好画像,据此可以得出一个平台级画像(本平台与什么类型的电影是精准匹配的),从而可以进行精准的电影广告投放。

基于此考虑,领导要求小明去梳理公司内部平台用户前六大偏好影片类型数据，如表 2-1 所示。

表 2-1　A 公司用户偏好影片类型数据

序号	偏好影片类型	占用户群比例
1	喜剧类	31.1%
2	动作类	10.8%
3	剧情类	6.0%
4	科幻类	15.8%
5	爱情类	17.2%
6	动画类	1.6%
……	……	……

有了这样的分析结果后，领导就开始让小明策划一个新的业务线——发行业务线。主营业务就是帮助各大影视公司去做发行外包。

各大影视公司只需要将电影的宣传素材提交给 A 公司即可，A 公司除了向自己平台上的用户推荐电影此外，还会与线下各大影院联合，在线下对应展位发布新电影信息。这样一来，原电影厂商需要挨家寻找影院合作的工作简化为统一与 A 公司合作。

新业务对应的系统功能拓展如图 2-11 所示。

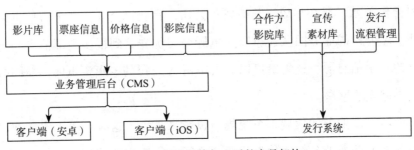

图 2-11　新业务线加入后的产品架构

影视公司在看到这个服务后也纷纷选择了这种外包方式，因为这种方式除了可以减少工作量外，在效果上无疑也比以往在地铁站、小区电梯灯箱等无差别地投放广告要好，转化率要高出许多。因为在 A 公司投放广告，其现有的存量用户都是电影用户，可以说这个平台已经提前将电影消费人群从全量用户群中筛选出来了，在此平台投放广告的精准度将大幅提高。

对此小明也通过一份对比数据，很直观地将效益展现给了影视公司，如表 2-2 所示。

表 2-2 广告投放转化率对比

序号	广告投放	转化率
1	A 公司购票平台	40%
2	原影视公司自主投放	6%

伴随着新业务的发展，原来在票务业务线中专门负责维护影院信息的业务运营人员的工作成果也被二次利用了。新成立的发行业务线要想与影院建立发行关系，需要去进行线下拜访洽谈，也需要这样的一份影院资料（包含影院的介绍信息、影院地址与影院联系人等信息）。

阶段 3：企业内部资源整合

帮助影视公司发行，也就意味着 A 公司与影视公司建立起了良好的合作关系，那么相较于其他票务公司，除获得公开排片上市信息以外，A 公司的业务团队还可以从电影公司优先拿到很多内部消息与更早的一手信息源，这无疑可以大大丰富 A 公司的电影资讯库，与同行建立起竞争壁垒。

随着新业务的发展，系统规模也越来越大，这时小明再次仔细研究现有的两条业务线，他发现两者之间有很多重叠的部分，于是他决定把两条业务线中的模块进行合并，让一个服务方同时为两者提供服务。没错，这也是时下热门的中台概念出现的原业务场景。

公司业务架构调整后，电影资料库、影院信息库合并形成了 A 公司统一的影视资料库，同时为两个业务线提供服务。

在此过程中，A公司实际上也完成了一次业务升级，从一家票务平台演变成了发行平台，票务平台则变成了发行平台里的一个板块。

但是实施发行平台战略的A公司，后患还未消除，从本质上看，这个新的业务拓展方向只是更换了战场，只是暂时地甩开了对手。如果其他巨头也进入了发行领域和A公司再次竞争，那么A公司又有什么办法去彻底摆脱后来的竞争者呢？

再回到产业链中查看，此时小明发现在这个行业中要想得到话语权，就要从电影的最上游，也就是电影投资方入手。

事实上电影中最大的利益方是谁呢？不是演员也不是导演（这两者本质上也属于打工者），在一部影片中真正的最大获利方其实是出品方，即投资方。

所以小明就向领导建议让公司成为投资方，去锁定唯一的发行权，这样自己就可以参与到电影的制作中，直接控制主导宣发，有权利不允许第三方参与售卖票务，从而完整地控制住整个产业链的最上游。

至此A公司又从发行平台演化成了出品平台。总结A公司的业务演进历程，我们发现其先后经历了3个阶段，如图2-12所示。

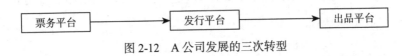

图2-12 A公司发展的三次转型

到这里此案例就讲完了，实际上这也正是进入互联网领域后无数C端市场企业一个典型的业务发展路径：向自身产业链的上下游进发。

从上述案例中可以看到，企业每一步的业务演进，其背后都是由多个因素共同推动而形成的，所以我们平时谈及的"从零到一"、数据分析都是想帮助大家从大方向上去把握企业这种动态发展的规律，从而准确地预判出每个阶段业务的演进方向。

2.2.3 业务演进中的数据分析

在前面的案例中，我们看到了一家企业完整的业务演进过程，下面来仔细梳理一下数据产品经理在这个流程中都完成了哪些工作，梳理结果如表 2-3 所示。

表 2-3 案例中的数据分析工作

业务演进		数据需求	数据产品经理工作
阶段 1	票务竞争加剧	（1）业务运行现状分析 （2）用户画像分析 （3）促销活动 ROI 计算	（1）搭建用户流量监控 （2）交易链转换漏斗 （3）事件预测模型
阶段 2	多元化业务启动	整理平台画像	具体画像维度定义： （1）输出平台中用户偏好前六的影片数据 （2）整理对应数据比例
阶段 3	业务价值评估	广告投放转化率对比	投放转化率检测

可以看到在整个业务演进过程中：

▶ 企业的每一步业务决策背后都需要有关键数据支撑。

▶ 数据分析的工作是与企业业务极其相关的，且会随着业务的发展不断迭代。

所谓优秀的数据产品设计能力，就是在产品进入阶段 1 时就能看到阶段 2 或者阶段 3 的数据需求，从而在设计层面为后续产品预留扩展性。

从下一篇开始，将会为大家展示业务发展在不同阶段所需的数据分析内容，以及在各个分析场景所用到的概念与具体分析方法。

从零到一搭建数据分析体系

在完全没有数据分析经验的前提下，如何实现从需求分析到方案设计？本篇将介绍完整搭建数据分析体系的全过程。

CHAPTER 3 · 第 3 章

数据分析体系入门

3.1 为什么需要数据分析体系

前面已经强调过了数据对于产品的发展起着决定性的指导作用，那么公司在运营的过程中具体需要一个什么样的数据来支撑服务呢？

在很多不成熟的公司中，虽然也有使用数据去验证产品的思路，但是他们在实际工作中往往是这样取用数据的：

- 产品部同事找到数据分析师，问他昨天刚上线的版本用户点击率是多少。
- 运营部同事找到数据分析师，问他前两天上线的拉新活动是否带来了用户量的增加。
- 领导找到数据分析师，问他这两天的订单量是否有所增长，上月交易额环比增长是多少。

可见，各个岗位都会有自己的数据需求，所以数据分析师只能逐个地进行数据计算。由于人力资源有限，数据分析师往往无法及时反馈所有的数据需求，这将会导致一些运营活动或产品规划错过最佳的时机。例如，在"双11"前夕想要准备"双11"促销活动，却迟迟拿不到过往的运营活动数据。

正是基于这样或那样的原因，很多企业演化出了一类数据产品——数据仪表盘，如图3-1所示。

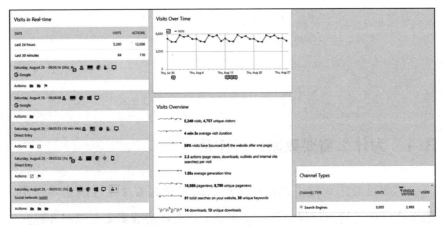

图3-1　数据仪表盘

数据仪表盘就是将各个数据需求方常关注的数据汇总在一张报表中，这样大家可以在这里统一看到整个产品的用户数、交易数等的变化，能在一定程度上满足大家对数据的需求。

但是随之而来的新问题如下。

▶ 产品部的同事抱怨：虽然看到昨天新上的版本中用户转化率下跌了，但是根本看不出来原因是什么，说不定是运营部的活动导致的。

▶ 运营部的同事抱怨：我虽然看到了拉新数，但我有三个用户拉新渠道，到底哪个拉新渠道的拉新能力最强，带来的用户质量最高呢？

面对这样的进阶需求，就需要一套完整的数据分析体系来做支撑，进而来帮助我们掌握数据变化情况并快速定位变化背后的原因。

3.2 数据分析体系概念的常见误区

一提到数据分析体系，常见的一个认知误区就是将数据分析体系等同于单一的某一个数据分析产品，如活动运营监控平台、用户画像平台等。

其实这里最大的错误就是将一个体系割裂开来，只看到了承载数据的产品而没有重点关注使用者的使用方法，就好像认为数据分析一定要有一把"利刃"，但是却不去关心舞剑者的功力一样。

最早提出这一认知的是钱学森先生，他在系统工程学中提出了软系统概念：

> 任意一个体系要想发挥正确价值，必须通过产品与使用者这两部分共同协作，这两者合二为一称为软系统。
>
> （定义 3-1：软系统）

所以数据分析体系的正确定义应该是：

> 数据分析体系通常由数据使用者的分析模型和数据分析平台这两部分构成。
>
> （定义 3-2：数据分析体系）

这也告诉我们在数据分析学习与搭建数据分析体系的过程中，掌握使用数据的方法，方能以正确的方法去解读数据。但在部分公司的运营过程中，往往忽视了这一点，导致搭建出的完整数据分析平台无人使用。确切地说，是大家没有以正确的思维或方式去使用，还是以老式的思维使用新的系统，并没有在思维与认知上进行升级，从而无法发挥其应有的价值。这就好比我们给数据使用者一辆汽车，但他们还是在寻找缰绳以期驾驶汽车。

这时数据产品经理就应该化身企业内部的数据分析咨询师，帮助他们看懂数据背后所反应的价值。所以数据产品经理在一家公司中应该有如图 3-2 所示的双重身份。

图 3-2　数据产品经理的双重身份

3.3　数据分析体系构成框架

搞清楚了数据分析体系的定义，接下来就是了解如何才能搭建一个完整的数据分析体系。

笔者曾看到部分数据产品经理候选人的简历中经常会写到自己精通数据分析框架的搭建。而当面试中被问到他们的数据分析体系究竟要怎么落地时，他们给出的回答却是针对 DAU（Daily Active User，日活跃用户数量）、留存率等进行管理，但是数据分析体系中的平台建设，就仅仅是对这几个指标的管理吗？那么请问，当遇到了以下场景时，这几个指标要怎么解决我们的问题呢？

- 场景1：某天某电商出现了GMV（成交总额）下降，此时应该根据哪一个指标解决问题？
- 场景2：某公司拥有3条产品线，A产品线中又细分为商品运营、活动运营等，3条产品线的若干运营团队都看同一套指标体系吗？

坦白地说，单看孤零零的某个或者某些指标是无法解决问题的，此时就需要依靠数据分析框架来解决问题了。

由前面的定义3-2可知，数据分析体系落地涉及两个维度。下面让我们通过这两个维度来看看数据分析体系在工作场景中是如何落地的。

维度1：通用数据分析模型

以下是实现通用数据分析模型的方法。

> 1）设置目标：确定当下业务中你的目标及完成现状。
> 2）问题假说：穷举现状是由哪些问题导致的。
> 3）数据证明：通过数据来证明该问题会导致怎样的结果。
> 4）数据分析：分析该问题的成因并形成解决方案。
>
> （方法3-1：通用数据分析法）

维度2：数据分析平台

> 在数据分析体系中，数据分析平台的构成包含三大核心要素，分别是北极星指标、数据建模和事件分析。
>
> （定义3-3：数据分析平台）

定义3-3中各要素的具体解析如表3-1所示。

表 3-1 三要素释义

序号	要素	说明
1	北极星指标	每个阶段针对具体业务领域确立的商业/业务目标
2	数据建模（又称指标体系）	DAU、GMV、留存率、订单量等
3	事件分析	漏斗模型、海盗模型、杜邦分析等

注意：北极星指标（North Star Metric）又叫作 OMTM（One metric that matters），它是第一重要指标，为产品现阶段最为关键的指标。之所以叫北极星指标，是因为就像北极星一样，该指标可以指引全公司所有人员向着同一个方向迈进，是全公司统一的指标。

数据分析体系其实就是通过一系列的方法量化特定的业务，因为我们如果无法量化一个事物，那么本质上就无法衡量它的好坏，也就无法定位业务发展中的症结所在。因此好的数据分析框架就是在告诉我们：当下的整体业务是什么样？为什么会这样？应该怎么办？

回顾前面面试者所说的那几个指标，我们可以发现其根本无法清晰地反映业务上的这三个问题。

当然，这里只介绍了数据分析体系的宏观框架，还未涉及具体的数据分析体系搭建过程，在数据分析实战中还会涉及相应的方法论。

接下来以本书的核心案例"L公司的数据分析探索之路"，来为大家展开数据分析体系完整的搭建过程，以及这中间用到的知识点。

3.4 案例00：L电商公司数据分析的背景介绍

在介绍案例背景之前，先说明一下本书的案例展示方式。为了能帮助大家更好地达成如下两个学习目标：

- 建立完整的数据分析知识体系。
- 知道如何依据场景选择合适的数据分析方法（重点）。

本书将采用在各大 MBA 商学院中广泛使用的案例教学方式，即通过发展过程综合性案例集，以案例场景驱动为大家讲解业务发展的不同阶段会遇到的实际问题，诞生的数据需求，以及对应的解决方案，里面会涉及各个数据方法的具体运用技巧。这里的案例就从一家初创公司开始。

先来看一下综合案例中 L 公司的背景情况。

L 公司是一家零食电商初创公司，目前全公司团队一共 15 人，其中开发团队 7 人（包含一位产品经理，他负责公司业务架构的搭建，属于业务产品经理）。

产品现况

1）公司花了两个月时间开发并上线了一款手机端的商城 App，主要功能是商品浏览、下单、售后。

2）供应链为公司租借了一个仓库，目前所有的出入库管理都是通过 Excel 进行的。

3）截至目前，产品交易规模为日均下单 500 笔，客单价 68 元。

数据需求

为公司搭建一套完整的数据分析体系，能及时发现业务推进中的短板，并能准确支持公司增长需求。

人才需求

1）数据产品经理（1 名）：负责公司业务数据分析体系的搭建与公司业务的增长。

2）后台开发（若干）：负责公司后台项目开发。

……

人才招聘

公司面试了多位候选人,在经过一番比较后选定有多家上市公司数据产品工作经验的刘宇作为搭建公司数据分析体系的负责人。

从下一章开始就让我们跟随数据产品经理刘宇来看看如何从零到一搭建电商公司的完整数据分析体系。

CHAPTER 4・第 4 章

数据分析体系搭建路径

4.1 通用行动框架

要想实现上一章提出的数据分析体系,具体操作需要分如下两步进行:

第一步,从零搭建一个基础的数据分析平台。

第二步,在数据分析平台的基础上指导数据使用者读懂数据的含义。

这里先进行数据分析平台的搭建。

4.1.1 搭建数据分析平台

建设一个大型系统时,可以使用如图 4-1 所示的通用行动框架来指导我们开展具体的工作。

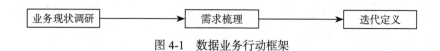

图 4-1 数据业务行动框架

通过这个行动框架可以看出,搭建一个完整的数据产品一共分三个步骤,而这其中 80% 的工作都在前两步,也就是业务现状调研与需求梳理阶段,而真正用于迭代定义的工作量其实并不是很大。

但在现实工作中,绝大多数的数据产品建设者都将自己的关注点放在了第三步——迭代定义上,如很多数据产品建设者关心的问题是:

1)要如何进行留存分析?

2)要如何搭建指标体系?

3)要如何为 App 埋点?

那么,请读者在解决这些问题之前思考一下,为什么要在业务发生的时候开始埋点工作?什么场景下要进行留存分析?之前的业务不埋点又会对业务产生什么影响?

可见,搞清楚当前业务进行到了什么阶段,以及我们需要用什么数据工具来帮助业务更好地运作,这些才是搭建数据分析平台的重要前提。弄清楚了这些后,具体的迭代定义其实就变成我们做完基础调研工作后自然而然的产物了。

下面就以 L 公司的案例来看看如何正确地搭建数据分析平台,并了解实战的具体行动框架定义。

4.1.2 案例01:L公司行动框架梳理

刚一入职,数据产品经理刘宇就接到了自己的第一个任务:为现有的业务搭建一个数据分析平台。

由于公司内部根本没有对应的数据分析平台，因此需要从零到一搭建一个数据产品，那么如何入手呢？

作为一个有丰富经验的数据产品负责人，刘宇照搬了通用的行动框架定义方法，在进行梳理之后，得出了 L 公司数据分析平台的建设行动框架。

L 公司数据分析体系建设行动框架

制定人：刘宇

版本：V1.0

工作任务 1：当前业务现状调研

（1）业务现状；（2）业务 IT 架构。

工作任务 2：当前数据体系调研

（1）当前业务运营策略：确定数据分析目标；

（2）数据分析现有工具：确定数据分析工具；

（3）数据分析现有人员与工作：现有数据分析日常的工作与流程。

工作任务 3：数据分析平台设计

（1）制定数据分析平台演进蓝图——RoadMap

（2）搭建数据分析平台

　　步骤 1：搭建业务模型，梳理公司内的完整业务流程，得出业务的关键节点；

　　步骤 2：确定数据指标体系，根据上一步得出的业务流程，制定能检测这些节点的指标；

　　步骤 3：进行数据采集定义，根据上一步的设计方案得出数据系统的数据采集范畴。

> 工作任务4：数据分析体系驱动业务决策
> （1）驱动业务运营；
> （2）驱动业务增长：
>   步骤1：数据驱动下的用户增长；
>   步骤2：数据驱动下的营收增长。

通过上述的行动框架可以发现，一个看似庞大的产品设计工作就这样被清晰地划分出了多个可执行的工作任务与步骤，接下来就一步一步地来看这些工作任务与步骤都是如何落地的。

4.2 工作任务1：当前业务现状调研

所谓业务现状调研，就是指我们要对公司现有的整体业务情况进行一次摸排，搞清楚当前公司的业务发展阶段与业务规模，从而方便我们根据企业现状量身定制符合当前阶段的数据分析工具。

这里需要特别说明的是，在建设数据分析类产品时，只有准确地进行了业务现状调研，才能避免出现"小马拉大车"的现象。

例如，当公司整体业务还处于市场验证阶段时，就选择为业务上线一套大数据分析平台，其中涵盖了用户分层、用户路径监控等看似很全面的数据监控功能，但事实上，这时我们的主营业务可能只有几百名用户在使用，业务功能也很简单，甚至不存在分支路径，上线这样一套成体系的数据分析系统并没有太大意义。

可见，在业务还处于发展阶段时，一步到位上线一套很全面的数据分析系统，除了得出的结果可能不准确外（因为数据分析的样本量太小），还会付出庞大的人力成本。所以我们必须要根据当前的业务规模来选择适合的数据分析工具。

具体来说，此时的业务现状调研只需要包含两个调研领域，具体如表 4-1 所示。

表 4-1 业务现状调研大纲

序号	调研领域	说明
1	业务现状	当前业务的商业模式，产品所处阶段（核心），市场对本业务的接受度
2	业务 IT 架构	支撑业务的各 IT 系统是什么，如电商业务的支持系统为商城系统、运营后台、供应链系统等

4.2.1 产品生命周期概念

在表 4-1 中，"产品所处阶段"的后面加注了"核心"二字，是为了体现其重要性，那么我们为什么要去关注产品所处的阶段呢？这就需要引入一个新的概念：产品生命周期理论（Product Life Cycle Theory）。

> 产品生命周期理论是由美国哈佛大学教授雷蒙德·弗农（Raymond Vernon）于 1966 年在《产品周期中的国际投资与国际贸易》一文中首次提出的，具体是指完整的产品生命周期从生到死共含四个阶段，分别是引入期、成长期、成熟期、衰退期。
>
> （定义 4-1：产品生命周期理论）

也就是说，任何一款产品在本质上和人一样，都有属于自己的生命阶段，因此在对应的阶段也会有属于这个阶段的特征。作为数据产品经理，只有先帮助公司判断出当前产品所处的阶段，并在此基础上制定出下一步的发展战略，才能有针对性地解决产品中现存的问题。

举例来说，如果判断出该产品目前处于引入期，那么此时最重要的就是验证其商业模式与产品核心竞争力，而如果在此时就开始大举推广，其结果往往是因为产品不够契合目前市场的需求，而导致投入巨大却收效甚微，白白浪费了资源。

图 4-2 描述了一个新产品从开始进入市场到被市场淘汰的四个阶段，下面分别来看看。

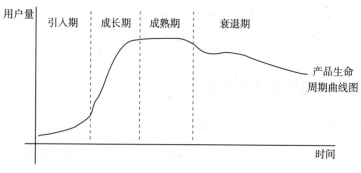

图 4-2 产品生命周期

1. 引入期

此阶段是产品处于寻找市场切合点的时期，市场用户大多不了解产品，此时产品会通过快速迭代去寻找产品的核心方向，并通过小范围的市场投放去验证产品方向，产品人经常提到的一个名词 MVP，也属于这里。

说明：MVP（Minimum Viable Product，最小化可实行产品），指能代表核心业务的最基础落地产物，一般用以验证该方案的可行性。

2. 成长期

此阶段大多数产品已进入基本产品框架搭建完成时期，在这个阶段我们要去发现产品所谓的核心功能到底是有多核心，其发展的天花板在哪里？进而找到一些有传播力的功能，以便让核心功能吸引新用户。一般来说，在用户量上，产品此时应该逐渐迈进行业前 50% 的梯队。

3. 成熟期

此阶段的产品已经完成功能开发，进入迭代优化期，产品用户增长也已步入平缓期，目标市场已经被基本占领，市场需求趋向饱和，整体竞争也开始加剧。此时我们要做的主要工作是核心功能的优化与新的兴奋点的寻找，更重要的是在核心功能外找到新的增长点。

4. 衰退期

此阶段新产品或替代品出现，已导致用户转向其他产品，因而用户量开始衰减。随之会对产品逐渐停止维护，产品开始走向死亡。

下面以某巨头 App 的月活用户变化数据（如图 4-3 所示）来举例说明产品生命周期理论这个概念。

图 4-3 某巨头 App 月活用户数统计图

从图 4-3 可以看到，该 App 从 12 年 Q1（第一季度）开始月活用户仅为 5.9 万人，随着行业的不断推进发展，该 App 的用户量也有了稳步增长，在 2014～2017 年年末分别达到 500 万月活、697 万月活、889 万月活和 989 万月活，可以说这一阶段属于该产品的增长期。

而从 2017 年 Q2（第二季度）开始，该 App 月活用户增长速度逐渐放缓，我们可以看到 2017 年 Q1 至 2018 年 Q1 的同比增长率分别为 23%、19.5%、15.8%、11.2% 和 10.9%，同比增速已经掉至 10% 左右，可以说此时该 App 已经开始步入成熟期。

以上就是整个产品生命周期的定义，掌握这个概念会让我们更容易基于产品的整个发展历程对全局进行思考，后面也会多次用到这个概念。接下来就学习如何判断自己的产品是属于生命周期的哪个阶段。

4.2.2　如何判断产品所处阶段

掌握了产品生命周期概念后，紧接着需要解决的问题就是在我们真正接手了一份工作后，要如何第一时间对产品所处的生命周期做出准确的判断。

通常可以使用以下三种方法来判断自己的业务所处的生命周期。

方法 1：通过新增用户与流失用户对比判断产品的生命周期

首先需要对产品的用户分类有一定的了解，大体来说任意产品的用户类型都分为以下 5 类：

> 1）访问用户：指每日产品的 UV，能够直接反映产品的受欢迎程度。
>
> 2）新增用户：指一段时间内打开应用的新用户，反映了

产品的发展速度与推广效果。

3）活跃用户：指不计较使用的情况下，频繁打开应用的用户。此类用户是产品真正掌握的用户，只有活跃用户才能为产品带来价值。

4）流失用户：根据产品定义时间周期来看，满足周期未访问的用户就可称为流失用户。

5）挽回用户：指通过产品召回再次返回到产品中来的这部分用户。

（定义 4-2：产品用户划分）

这里面需要重点关注的指标有两个，即新增用户比例与用户流失率之间的对比。掌握了这两个指标就可以判断产品状态了。

- 新增用户比例大于流失率：表示产品处于发展成长阶段，很多用户在体验后觉得无法满足需求并抛弃了软件，也就是说此时产品的留存相当低。
- 新增用户比例与流失率持平：表示产品处于成熟稳定阶段。
- 新增用户比例低于用户流失率：表示产品处于下滑衰退阶段。

方法 2：通过版本的更新频率来判断产品生命周期

产品的迭代速度也是生长的标志，在一个产品诞生之初，一切都是新的，产品中每一个功能都需要先完成从零到一，再从一到好的发展历程。那么我们可以根据这个维度总结出来如下结论：

- 当产品迭代速度很快（几乎是一周一个版本），且不断在堆砌新功能时，就可以大体证明产品正处于引入期。

- 当产品功能迭代速度明显变缓，每次更新都以老功能的二次改版为主时，产品便进入了成熟期。
- 当产品功能逐渐稳定并开始优化细节，版本更新时间也逐渐拉长时，就代表产品进入了成长期。

以下通过一个曾经很火的子弹短信 App 版本的更新情况，来了解一下它处于哪个阶段，如图 4-4 所示。

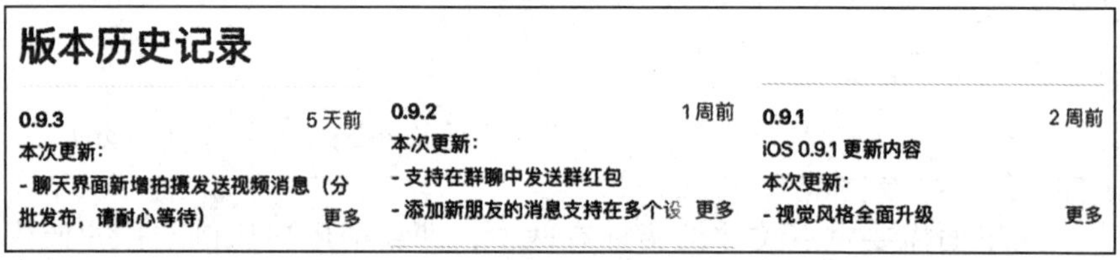

```
版本历史记录

0.9.3                         5 天前    0.9.2                           1 周前    0.9.1                         2 周前
本次更新：                              本次更新：                                iOS 0.9.1 更新内容
- 聊天界面新增拍摄发送视频消息（分        - 支持在群聊中发送群红包                   本次更新：
 批发布，请耐心等待）          更多      - 添加新朋友的消息支持在多个设    更多    - 视觉风格全面升级              更多
```

图 4-4 子弹短信 App 版本更新介绍

通过图 4-4 中版本更新记录可以清晰地看到，子弹短信几乎是每周发一个版本，而且每次的更新内容都是在累加新的功能。

对此，我们可以明显判断出这款产品此时是处于引入期，产品希望通过快速迭代去补足当下所欠缺的功能内容。

图 4-5 是与之形成鲜明对比的另一款产品，通过迭代记录可以明显看出这是一款步入成熟期的产品。

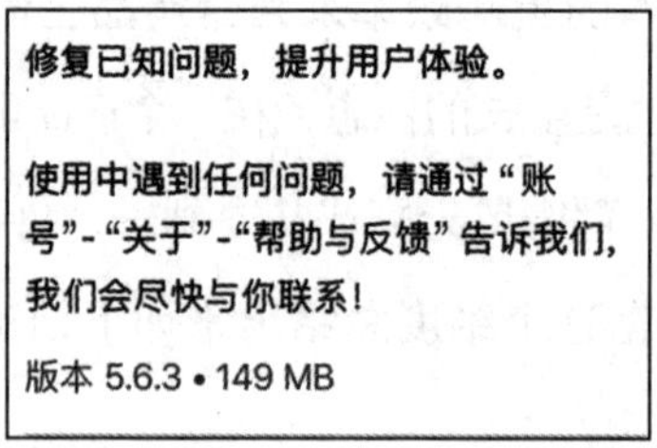

```
修复已知问题，提升用户体验。

使用中遇到任何问题，请通过"账
号"-"关于"-"帮助与反馈"告诉我们，
我们会尽快与你联系！

版本 5.6.3 • 149 MB
```

图 4-5 某成熟阶段 App 版本更新介绍

方法 3：通过流量来判断产品生命周期

直接讲流量判断方法可能过于抽象，这里通过一个网站的流量分析来说明相关知识。首先我们要搞清楚网站产品流量的分类体系，总体来说，网站的流量分为三大类，分别是直接流量、推荐流量和搜索引擎流量。

- 直接流量：直接从域名进入网站的流量，具体来说分为直接输入网址、从浏览器收藏夹进入等方式。
- 推荐流量：点击其他网站的链接或锚点进入本网站，其他网站的链接主要是指常见的网站下的友情链接，而网站锚点的流量主要是指 Flash 广告、搜索引擎的诱导访问、弹窗广告等导流入口，当然这部分是需要进行付费的。
- 搜索引擎流量：点击各大搜索引擎的搜索结果进入网站产生的流量，这里主要指用户自然搜索，不包含购买搜索引擎的排名。

在初步建立流量判断方法的印象后，接下来就是如何评估一个网站的质量与此时的业务状态。网站的质量分析一般是按照用户质量和用户数量两个维度来衡量的，如图 4-6 所示。

1）横轴代表用户数量，即网站的用户访问量（UV）；

2）纵轴代表核心指标触达数，也是反应流量质量的指标，具体来说是指可以促进网站核心的事件次数，如下单、文章点击等行为。

我们将流量数据按照它们在这两个维度上的表现展示在坐标轴上，不同的流量就会有不同的位置与之对应，此时继续增加第三个参考维度，也就是将流量的成本用不同大小的圆圈表示出来，这样就可以清楚地知道什么途径的流量是最好的。

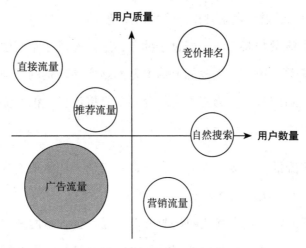

图 4-6 网站质量分析

例如，在图 4-6 中，由付费搜索的流量核心事件转换率最高，因此这里就是产品的核心流量来源。

在明白了这个象限怎么划分后，接下来就可以用这四个象限分别代表四种不同的流量了。

- 第一象限的流量：质高量高。这是网站的核心流量，对于这部分流量要努力的方向是降低获取流量的成本。
- 第二象限的流量：质高量低。这部分流量是网站的忠诚用户，虽然这部分的质量很高，但数量较少。
- 第三象限的流量：流量一般质量低，并且获取流量的成本也比较高。通过图 4-6 可以看到，第三象限的流量是通过广告方式取得的，这里付费广告获得的流量不高，需要及时调整投放。
- 第四象限的流量：量高质低。在这个象限里是我们花费了资源却无法转换的用户，是我们需要优先关注的部分，可通过改善产品来提高转换率。

可见，只要能判断当前产品的主要流量所处的象限，就可以推断出产品的生命周期。下面分别来看看它们的对应关系。

- 引入期与增长期：主要流量为第三、四象限，表明市场对产品还处于接受期，通过流量数据我们可以清晰地看到，在大量投入市场推广费用进行宣传后，得到的用户群仍不是非常稳定。
- 成熟期：主要流量转换为第一象限，产品此时已经有了足够的健康流量支撑，且数据比较稳定，没有大的波动，整个渠道的ROI测算较好。
- 衰退期：主要流量回归到第四象限，产品的整体盈利能力下降而成本却居高不下，开始步入死亡。

到这里，主要概念已经讲解完了，再回到案例中去看看新入职 L 公司的刘宇是如何对他所负责的业务现状进行调研的。

4.2.3 案例 02：L 公司当前业务现状调研

作为一个刚加入公司的新人，在什么都还不了解的情况下，第一步要做的就是对公司的业务情况进行调研。

要如何全面地调研公司的业务呢？通常情况下可以将公司业务的调研拆分为公式 4-1 中所描述的 3 个部分，根据这 3 个部分即可快速梳理公司业务概貌。

$$业务调研 = 产品现状 + 产品阶段 + 市场规模 \quad （公式 4\text{-}1）$$

掌握调研范围后，我们需要采用业务矩阵收集法将公司的业务情况填入图 4-7 所示的矩阵表中，这样就完成了一次公司业务的完整梳理。

刘宇是按如下步骤对L公司现有业务进行调研的。

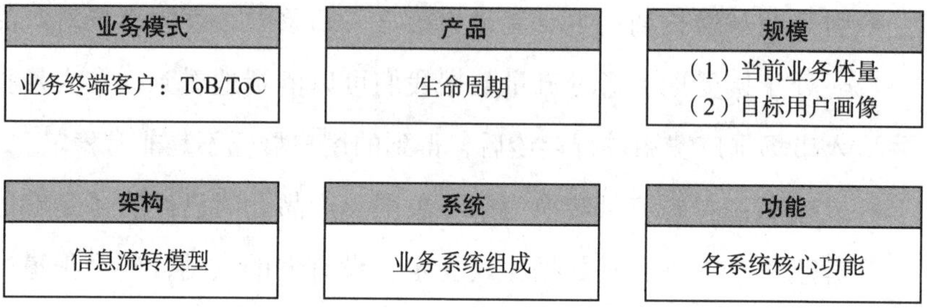

业务模式	产品	规模
业务终端客户：ToB/ToC	生命周期	（1）当前业务体量 （2）目标用户画像
架构	系统	功能
信息流转模型	业务系统组成	各系统核心功能

图 4-7　业务矩阵收集法

步骤1：产品现状分析

所谓的产品现状分析，是指分析当前业务的架构是什么，以及当前业务拥有哪些产品线，它们与对应的产品终端分别是什么。为此刘宇决定梳理出一个公司内部的业务信息流转结构图。

步骤2：产品阶段

通过前面的讲解已经知道，产品生命周期一般可以分成四个阶段，即引入期、成长期、成熟期和衰退期。在不同的生命周期阶段我们实际关注的产品目标也是各有偏重。以下是刘宇根据过往经验总结的产品各生命周期所需关注的指标。

阶段1：引入期

在初始阶段，产品处于打磨期，还不成熟，因此，这个阶段更应该关注的是产品的市场验证指标（PMF），比如，是否面对细分的人群解决了他们的具体需求。

阶段2：成长期

随着产品的不断迭代，整个产品的功能越来越完善，这个阶段我们的运营策略目标就需要由扩大用户数量逐渐转换为提升用户留存指标。也就是开始去关注核心需求以外的细分需求，以此来提高用户黏性。例如，支付宝中增加的可以让用户虚拟种树的蚂蚁森林功能，就是通过增加核心需求外的游戏化功能来为支付宝增加黏性。

阶段3：成熟期

进入产品成熟期后，用户的增长速度已经相对放缓，从用户体量上来看，整个产品已经拥有相对稳定且基数庞大的用户群体，因此我们就需要开始对用户进行分层，开始进行精细化用户运营，此时需要关注各层用户群的效果指标。

进行用户分层的原因也很简单，在本阶段由于用户量庞大，此时我们如果不进行用户分层，就会导致业务运营的复杂度陡然上升。

所以此时我们需要清晰地定义出处于不同阶段的用户群体（在第12章会详细讨论如何进行用户分层），例如：

- 哪些用户是平台高频下单用户，这部分用户属于平台的高价值提供者。
- 哪些用户是处于流失临界值内的用户，这部分用户属于可挽回的用户。
- 哪些用户是已经流失的用户。

阶段4：衰退期

行业中出现了替代型产品，产品用户大规模流失，他们逐渐转移到替代产品中，此时应该关注的是产品的剩余价值指标，通过运营手段尽可能地延长产品生命，以此获取产品剩余价值。

在经过这两个步骤的梳理后，刘宇得出了L公司最终业务调研报告如下。

L 公司产品业务调研报告

撰写人：刘宇

日期：2020 年 8 月 6 日

版本：V1.0

一、电商平台业务架构

阶段 1：当前阶段商城履约流程

- 商城：用户在商城完成下单，由商城将订单信息传递给仓库。
- 仓库：仓库将商城订单打印出来，根据商城订单逐一发货，发货后手动更新库存至 Excel 表，完成库存更新。

阶段 2：业务增长后商城履约规划

本轮公司已经完成融资，在年底公司将会引入多个系统（OMS、WMS、TMS）完成业务节点的升级改造，实现商城到供应链的全系统化改造，改造后的商城从下单到履约的信息流转模型（Model）如图 4-8 所示。

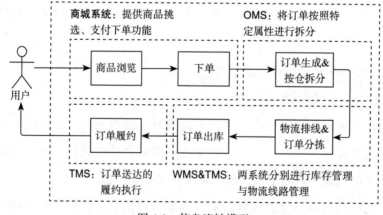

图 4-8 信息流转模型

二、电商相关系统梳理

目前 L 公司的电商业务一共包含两个支撑系统。

系统 1 是面向用户的商城客户端——零食宝 App，为终端用户提供商品的购买服务，分为安卓版与 IOS 版，主要功能如表 4-2 所示。

表 4-2 零食宝 App 核心功能

序号	功能模块	功能描述
1	商品管理	提供商品浏览和商品加购服务
2	订单管理	提供订单创建和支付服务
3	个人中心	提供个人订单查询、收货地址维护和账号信息编辑服务
4	售后管理	提供售后问题解决服务

系统 2 是公司内部运营使用的商城运营后台，为企业内部人员提供管理商城日常管理服务，主要功能如表 4-3 所示。

表 4-3 商城运营后台核心功能

序号	功能模块	功能描述
1	商品管理	提供商城商品建档和上下架管理功能
2	订单管理	提供订单售后管理功能
3	会员管理	提供会员信息查看功能
4	活动管理	提供创建促销活动管理功能

三、业务整体点评

（1）整体业务核心功能尚不完善，部分功能尚处于比较简单的阶段。

（2）运营后台功能较为单薄，可以用于运营的空间不大。

四、产品所处阶段

（1）零食宝 App：目前仍保持两周迭代一次。

(2)零食宝App：每日新增数约900人，次日留存约500人。

综上，零食宝App产品处于发展成长阶段。

五、业务规模

(1)平台规模如表4-4所示。

表4-4　平台规模

	月成交（笔）	月流水（元）
总计	208 142	1 456 496

(2)目标用户群体描述：确定目前产品主打的细分市场。

目前本电商平台目标用户群体：偏好零食的22～35岁有独立消费决策能力且有一定消费水平的群体。

4.3　工作任务2：当前数据分析体系调研

完成了业务现状的调研后，接下来就需要对当前公司中的数据体系进行调研了，也就是搞清楚一家企业内部数据分析相关人员的日常工作是什么样的，从而方便我们确定需要为该公司设计出怎样的数据分析体系，其整体的需求范围有哪些。

具体来说，我们需要调研的相关内容如表4-5所示。

表4-5　数据体系调研大纲

序号	调研领域	说明
1	数据获取方式	当前业务中获取数据的方式是什么
2	数据承载系统	当前业务中使用什么系统来管理数据

4.3.1　案例03：L公司当前的数据分析体系调研

初步调研下来，刘宇发现L公司内部的数据分析现状还真像之前的 HR 所介绍的——业务背景是那样的"朴素"。

1. 数据分析的场景

当下公司内部所有人员的数据需求都是由后台开发工程师直接拉取数据库的业务数据，进行手工汇总后通过聊天软件发送的。

此外，在 L 公司内部甚至连数据分析师都没有，所有的领导每日需要看的数据都是由运营人员将开发人员给出的数据进行二次计算后以日报形式反馈的。

2. 数据分析的目标

众所周知，数据分析核心目标只有一个，那就是对业务的运行进行精准测控。这里的精准测控可以细化为以下三个维度的分析。

- 现状分析：通过对已发生的事件进行分析，从而掌握当前产品的整体运营情况，以及各业务的进度状况。例如，在数据仪表盘中，长期以来订单量都是 500 余笔，今天突然下降了 25%，这就是我们产品的日常现状与突发问题。
- 原因分析：通过对现状的了解，在找到关键问题后，通过数据对该问题的原因进行分析，确定是什么因素导致的问题。例如，在看到某天的订单量下降了 10% 后，我们就需要对这天的数据进行分析，找到订单量下降的原因。通过数据我们发现，某个时段订单成交量为零，此时排查产品日志我们发现，有订单提交，但是支付报错，原来是该时段支付通道崩溃了，导致部分用户无法正常下单，这样我们就找到了订单量下降的原因。
- 预测分析：通过已掌握的数据，对产品未来的发展趋势进行预测。例如，通过分析过往商城"双11"产品的销量，来预测今年"双11"产品的销量，从而组织仓库提前备货。

3. 参与数据分析的岗位人员

▸ 运营人员：帮助业务正常运转，并实现有效率的增长，如提升GMV，提高转化率和留存率等。

▸ 数据产品经理：由于公司内部没有数据分析师，因此数据产品经理在这家公司里就成为解答相关疑难杂症的"百科全书"了。

4. 确定北极星指标

（1）公司的核心业务

通过前面的业务分析，刘宇确定了当前L公司的核心商业模式就是通过出售零售商品来盈利。

（2）核心业务成功与否的判断

基于核心业务判断本阶段公司业务是否成功，这里是通过公司的销售额来观察的，因此确定本阶段北极星指标是销售额。

北极星辅助指标如下：

$$销售额 = 商城用户 \times 下单转化率 \times 支付转化率 \times 客单价$$

（公式 4-2）

4.3.2 如何寻找北极星指标

前面在案例03中刘宇直接得出了北极星指标，但是这是因为刘宇所处的是一家初创公司，业务形态比较简单，所以可以快速定位北极星指标。若面对的是一些业务较复杂的产品，那么就需要一套科学的理论来定义北极星指标了。

定义北极星指标的通用方法就是寻找回答如下问题的答案：你最想让用户用你的产品干什么？

这个问题其实延伸于硅谷产品设计理论里的经典概念：产品设计的目标就是进行注意力博弈，因此我们可以根据这个理论来快速定义北极星指标。

> - 注意力博弈（The Attention Game）：用户在你的产品中花费了多少时间。
> - 交易量博弈（The Transaction Game）：用户在你的产品中产生了多少交易量。
> - 创造力博弈（The Productivity Game）：用户在你的产品中创造了多少高价值的内容。
>
> （定义4-3：硅谷设计博弈理论）

不过必须注意的是，在这三种博弈理论中我们只能选择一种作为本产品的核心价值指引，并在该引导下发现我们的业务指标。

根据这个理论，下面举几个定义北极星的例子。

- 音乐类产品的北极星指标：听歌时长（时间）。
- 社区类产品的北极星指标：社区发帖（创造内容）。

初步选出一个北极星指标，并不代表寻找北极星指标的工作就完成了，我们还需要对选出的北极星指标的价值进行测定，从而判断其是否是一个好的北极星指标，这里可以用表4-6所示的5个维度进行判断。

表 4-6　北极星指标价值判断维度

序号	北极星指标价值判断维度
01	本产品当前阶段的核心价值是什么？选取的北极星指标能反映出来吗
02	这个指标能反映用户的活跃程度吗
03	如果这个指标变好了是否能说明本业务在不断向好的方向前进
04	这个指标是否容易被整个团队理解，且没有歧义
05	该指标是属于先导指标还是属于滞后指标

除了确定北极星指标外，我们还需要继续确定其他相关辅助指标来让北极星有更明确的呈现。

这类相关辅助指标大体上可以分为用户数与活跃率这两类，用户数代表市场的体量和占有，活跃率代表产品的健康度。

辅助指标可以帮助我们不断验证企业业务在奔向北极星的航线上是否笔直，有没有移动。

4.4　工作任务 3：数据分析平台设计

在本章的开头我们已经提到了在数据分析体系的实际建设中必须要时刻清楚，数据分析体系由两部分组成：数据分析平台与数据模型。

- 数据分析平台：负责采集数据、数据清洗以及根据数据算法进行预处理，从而得到一个自助取数平台。
- 数据模型：作为数据产品经理，需要将一些数据模型传达给业务方，从而教会运营人员使用数据分析平台对这些模型进行分析。

也就是说，一个完整的数据分析体系是由系统加数据流程组成的。因此对于初创公司来说，我们第一步应该做的是先建立一个可用的数据分析平台。

4.4.1 演进蓝图设计

所谓演进蓝图,也就是在工作中经常听到的 RoadMap。我们在从零到一搭建一个完整平台时,第一步不应该是立即着手进行具体的功能设计,而是应该去完整地分析产品的功能矩阵,清晰地知道数据分析平台的整个前进方向。

具体来说要怎么做呢?下面来看看。

步骤 1:分阶段划定目标

根据前面梳理的数据分析目标,我们知道任意数据分析平台内部都需要具备如下三个核心服务。

> 1)现状分析服务:通过数据确定当前业务的现状,此服务在企业建设初期就必须要开始建设,从而帮助企业者确定企业运营的总体成效。本类分析中最常见的产出就是数据报表。
>
> 2)成因分析服务:通过数据确定当前业务现状是什么因素造成的,如用户下单量不高背后的原因。
>
> 3)预测分析服务:在找到现象与成因后,我们就可以逐步建立起预测模型,从而预测下一次同类型事件发生时的可能性结果。例如通过收集过往活动的促销数据预测本年"双11"的订单数据,从而提前备货。
>
> (定义 4-4:数据分析平台核心服务)

步骤 2:确定着手点目标

根据上述三个核心服务,判断当前企业最急迫的需求,并以此为着手点进行相关核心服务的建设。

我们具体来看刘宇是怎么规划 L 公司的数据分析平台的演进蓝图的。

4.4.2 案例04：L公司数据分析平台的规划

在了解完整个公司的业务与数据的现状后，刘宇就开始根据现阶段L公司的实际情况去构思这套数据分析体系了。

根据前面所讲的定义可知，这套数据分析体系需要帮助L公司实现以下三个维度的分析。

- 描述分析：描述当前零食宝平台的实时交易规模并展示业务问题。
- 成因分析：描述当前零食宝平台业务现状背后的原因。
- 预测分析：通过上述的原因与结果归纳数据模型，从而预测零食宝平台未来订单的变化情况与用户规模情况。

下一步就是对整个数据分析平台的数据事件进行确定，也就是根据用户在整个平台中的购物流程确定需要监测的事件有哪些，这里刘宇得出的结果如图 4-9 所示。

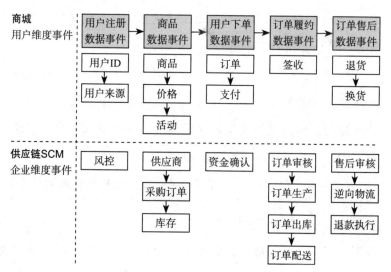

图 4-9　L 公司的数据主题事件

通过绘制数据分析平台的数据主题事件图，刘宇已经大体确认了数据分析平台的整体规划，但是由于这是一个完整的大型系统，通常情况下基于敏捷开发的精髓（化整为零，在每次交付后实时获取反馈意见，从而在后面的开发中可以及时改进）来考虑，不会一次性全面实现所有功能，所以需要根据业务的优先级将其拆分成不同的迭代去实现，这也就是演进蓝图的概念。

工作 1：演进蓝图定义 RoadMap

根据前面的工作，刘宇设计出了 L 公司完整的数据分析平台演进蓝图，如图 4-10 所示。

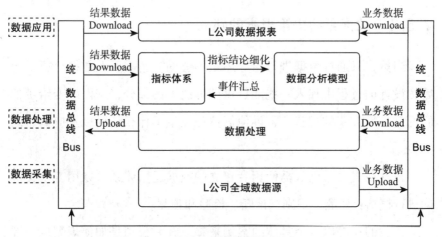

图 4-10　L 公司的数据分析平台 RoadMap

工作 2：着手点定义

面对当前 L 公司的数据分析体系需求，在确认了蓝图后，接下来要做的就是确认当前企业最急迫想要了解的数据分析结果。

根据之前的数据体系调研结果，刘宇划定第一阶段的建设目标——建立起描述性分析平台，让公司内部运营人员与公司领导实时看到商城每日交易规模与变化情况，以此取代由开发直接从数据库中拉数据的现状。

4.5 工作任务4：数据分析体系驱动决策

在搭建完数据分析平台后，接下来要做的也是最重要的一步，就是指导公司内部的数据使用者（如运营、销售等）使用数据分析平台，告诉他们不同的数据所代表的含义以及背后所反映的业务价值，这也就是前面提到的软系统概念。

4.5.1 数据驱动决策思维的建立

当然，只通过数据进行指导还是不够的，还需要在数据分析平台后续设计的过程中加入一些能提供辅助决策的部分，从而改变给予他们的是一堆数字的现状，告诉他们业务发生了什么情况以及应当做的决策。

在这里需要帮助数据使用者建立的数据运用体系可以用五个关键词进行概括：监测、识别、诊断、检验和预测。

让我们还是以一个具体的案例来看一看L公司是如何规划这一部分的。

4.5.2 案例05：L公司的数据驱动决策

刘宇在分析完业务后，对目前L公司业务的数据驱动需求定义了如下的数据分析方法。

- 通过报表监测完整的业务数据概况。
- 通过指标确定产品异常所在点。
- 建立完整指标体系监测运营全流程。
- 使用标准化数据采集模式规范数据取用。
- 用数据检验新功能是否有价值。
- 用数据确定产品迭代方案。

总的来看，整体的建设目标就是将产品运营的全过程进行数据化，从而使产品决策的每一步都有数据支撑。

从下一章开始，让我们跟随刘宇按照这里的蓝图一步步完成整个数据分析平台的建设。

本章案例数据分析体系建设的总结如下。

1）在本章中，刘宇针对建设 L 公司的数据分析体系完成的项目如表 4-7 所示。

表 4-7　L 公司数据分析体系建设进度日志

任务	完成项
1	提出了建设行动框架
2	完成当前业务现状调研
3	完成数据体系调研
4	完成数据分析平台 RoadMap
5	北极星指标的确定
总结	数据分析体系建设完成进度：9%

2）分析了数据分析平台的演进过程，具体见前面的图 4-10。

第 5 章 · CHAPTER 5

玩转数据报表设计

从本章开始我们就正式踏入从零开始搭建产品数据分析平台的旅程，在这一章中我们要将视角聚焦在 RoadMap 的第一阶段，即为公司搭建一个可以总览业务的工具——数据报表。

5.1 数据报表设计

所谓数据报表就是指根据指定的统计维度，每日由系统自动将业务的运行情况汇总计算出来。

那么，我们要怎么设计出一个好用又全面的数据报表呢？通用的设计方法可以分为如下三步。

步骤 1：明确数据报表需要反映的业务问题

数据报表的本质就是查看结果指标，也就是通过一堆指标来直观反映对应业务现状的好坏。因此想要设计好一个数据报表，首先就要想清楚这张报表需要反映什么业务问题。比如，是公司的订单量变化，还是交易额变化等。在一些介绍数据报表的资料中，也称之为业务模型定义，就是找到测量业务的指标。通常在这个时候会选取公司业务在该阶段的北极星指标。

步骤 2：确定报表的数据集范畴

定义数据集，就是指我们需要挑选使用哪些描述型数据来反映公司的核心业务情况。例如，如果想要反映公司的订单量变化，我们可以用订单量、下单频次、人均下单数这几个指标来进行描述。

步骤 3：数据报表的展现方式

这一步要明确我们应该用怎样的方式来承载数据，是使用数据表格、折线图、直方图，还是扇形图等，根据实际场景选择一个最方便业务人员快速查阅数据需求的展现方式即可。

让我们来看一个在 L 公司的数据报表设计案例。

5.2 案例 06：L 公司的数据报表设计

在前面的调研工作完成后，刘宇便开始了数据报表的设计工作，在他看来本次设计一共有两个目标：

1）将领导与运营人员关注的业务核心指标呈现出来，以其替代每天人工进行数据汇总的工作。

2）规范取数逻辑，为后面的数据分析平台建设打好基础。

设计数据报表的过程

步骤 1：明确数据报表要反映的业务问题。

要确定数据报表反映的业务问题,首先需要在公司内部对具体使用数据报表的人进行调研,对此刘宇按照自上到下的调研模式,分别对以下两类角色进行了调研。

- 领导:对于领导来说,商城每日的交易量和盈利情况是重要指标。
- 商城运营:对于商城运营来说,需要了解商城的用户的具体下单情况,以及与行业平均水平相比是否还有可挖掘的空间等。

步骤 2:确定本张报表的数据集范畴。

针对不同人员进行调研后,刘宇得出如表 5-1 所示的数据指标集的需求表。

表 5-1 数据需求表

角色	数据需求	类型
领导	(1)日订单量;(2)日交易额	粗颗粒度
商城运营	(1)日用户人均下单量;(2)日客单价	细颗粒度

步骤 3:确定数据报表的展现形式。

由于这是数据分析平台的第一个版本,为了快速上线去验证这个产品是否能满足各数据使用者的需求,因此刘宇选择了最简单的数据报表展现方式——表格。

按照以上三步梳理下来,数据报表的原型方案就出来了,如图 5-1 所示。

这里的界面设计原理是:纵向维度为优先级,越重要的内容放在越开始,比如领导要看的总销售额就放在第一行第一列,横向维度为一条条泳道,用来依次展开各数据维度,如图 5-2 所示。

至此,一个简单的数据报表就全部完成了,但在刘宇看来,此处的数据报表只是展示了数据,自己的工作还远未完成,还存在另一项重要任务,那就是教会业务人员正确读懂数据报表每日数据的含义。

第 5 章 玩转数据报表设计

图 5-1　数据报表设计方案

泳道 →				
优先级	数据维度	数据维度2	数据维度3	数据维度4
↓				

图 5-2　数据报表设计原理

5.3　数据报表分析法

前面一直提到，数据分析产品的搭建是要建设一个数据分析体系，这其中除了进行简单的数据指标罗列以外，最重要的一点就是教会运营人员看数据和使用数据。下面就来介绍一下解读数据含义的思路。

最基本的解读数据含义的思路只有两种，掌握了这两种最基础的方法，就可以在这个基础之上理解那些看似高深的数据模型。

方法1：建立数据参考系

绝大多数业务人员在看数据的时候，其实根本不知道数据背后的真正含义是什么？只能像流水账那样去看一些数字上的变化，如昨天的订单量5 000单，今天的订单量5 500单，增长了10%，但是这样的数据究竟代表了什么含义呢？今天的5 500笔订单真的代表了业务的增长吗？

要解决这样一连串的问题，就需要使用一个新的数据工具，即数据参考系。

> 数据参考系作为反映公司业务基准线的事物，它标志着业务的平均水平是怎样的，当单位时间内的数据超过这个基准时，就真正意味着我们的业务处于增长态势，反之就属于衰退态势。
>
> （定义5-1：数据参考系）

有了数据参考系，我们就能判断出该项业务指标变化到底是属于正向还是逆向，如上面提到的今天的订单量，而如果我们拥有的数据参考系显示日均订单为6 500单，那么就意味着今天的订单量处在一个未回归正常水平的状态，且在递减中。

方法2：同比/环比

通过方法1我们已经知道仅孤零零地去看一组数据是没有任何价值的，需要建立一个参考系（如日均订单量为6 500笔），只有与参考系比较才可以帮助我们发现数据的价值——今天的订单量是增长了还是降低了。

紧接着这里就产生了第二个问题，如何进行数据比较才能挖掘更多信息？上面用的方法是将现有数据与历史参考系进行比较，从而判断业务的发展情况，那么还有别的比较方法吗？

在实际工作中进行数据对比时，经常会用到如下两种对比方法。

> ▶ 同比：非连续时段下，某个周期的时段与过去上一周期的相同时段进行比较，如今年 Q3 的交易额与去年 Q3 的交易额的对比。
>
> ▶ 环比：两个连续时段下，某个时段与时长相等的上一个历史时段进行比较，如本周订单量与上周订单量的对比。
>
> （定义 5-2：同比 / 环比）

根据这个概念我们也可以得出日常判断业务运营效果的如下两个公式。

同比增长率 =（本期值 − 同期值）/ 同期值 × 100%

环比增长率 =（本期值 − 上期值）/ 上期值 × 100%

（公式 5-1）

接下来看看在实战案例中要如何去结合上述两种方法进行具体的业务解读。

5.4 案例 07：L 公司基于数据报表的分析

在完成第一版设计稿后，刘宇开始研究运营同事日常给领导提交的业务汇总报告，他看到某日在一次促销活动后，坚果类的商品运营同事发现自己的坚果类零食销量上升了 5.1%，便非常高兴地将该数据写入周报抄送给了整个公司的运营组。

刘宇拿着周报中的数据做了简单的分析,却发现这位同事在这次促销活动中的运营工作存在重大问题。这位商品运营同事十分的不解,为什么销量上升了却还说自己的运营工作存在重大问题?

刘宇调出往期的订单数据,为他展示了一组增长率数据,如表 5-2 所示。

表 5-2　商城主营品类增速对比

品类	膨化食品	坚果	炒货	糖果/巧克力	饼干	平均增速
销量增长	19.9%	5.1%	11.2%	23%	7.4%	13.32%

从表 5-2 中可以看出,虽然坚果类零食的销量增长了 5.1%,但是平台中其他主营品类的平均销量上升了 13.32%,在这样的对比下,坚果品类的增长是远低于平台各品类在本次活动中的平均水平的,也就是说虽然销量增长了,但是增速却没有达到平台的平均水平。

从某种意义上来说,坚果类运营同事并未达到预定的目标,本次增长只是因为平台整体处在促销活动中而吸引了大批用户进行消费,这些消费者顺带购买了坚果类商品,可以说坚果品类的销量是受到"大水漫灌"的影响从而水涨船高。

所以数据增长并不一定代表着业务态势良好,因为增速有可能会远低于平均水平,增速达不到平均水平反而会暴露出该数据背后业务存在的问题。

在发现这个问题后,刘宇想从系统层面建立一套机制,从而帮助大家主动发现这类问题。此时刘宇想起那条原则:好与坏的真正定义为是否超过该参考系。

因此,他决定在 2.0 版的数据报表设计方案中为报表的每项都增加一个数据参考系，从而方便运营同事来界定这些数据所代表的业务情况。

这个参考系的定义涉及三个层面：

- 公司内部平均水平对比：该项取得的成绩是否超过公司内部的平均水平。
- 本周与上月同周的同比：与上月相比，业务是否增长。
- 与上周数据的环比：与上周对比，该数据是上升还是下降。

总结一下，本节讲述的两个方法，其核心目的就是告诉大家只看数据本身是没有意义的，只有在进行数据对比后才会变得有意义（与过去对比／与竞争对手对比）。

5.5 数据源管理

在数据应用上小试牛刀后，接下来就需要回过头来梳理底层取用数据的方式了。

要想搭建完整的数据分析体系，在业务初期我们就应该将数据取用规范化，以便后面增加越来越多的分析内容时，不需要再对底层数据的取用逻辑进行调整。

具体来说，这里要做的工作就是将业务运行中各个子模块产生并存储在不同数据库中的业务数据汇总，以便后续使用。

如何存储并管理这些数据呢？这里就需要用到数据仓库（Data Warehouse，简称 DW）这一工具了。

数据仓库，顾名思义，就是像仓库一样统一存放大量业务数据的地方。可能有读者会问，正常的产品设计中不是有一个数据库吗？如果只是解决数据集中化存储的问题，我们完全可以在原有的数据库中新建一张数据总表汇总各个模块的数据，为什么又要用一个独立的数据仓库工具来管理数据呢？

这个问题问得非常好，笔者面试产品应聘者时也问过他们这个问题，大多数应聘者给出的回答是使用数据仓库会让性能变快，至于到底为什么就不知道了。

这里给大家一个正确的答案：数据仓库之所以会被广泛使用，根本原因是在企业中对一个产品的数据取用可分为如下两种场景，每种场景对数据都有不同的需求。

1）业务型数据读写：指的是服务具体的用户场景。这类数据库要求能支撑某时刻的高并发量，但是每次读写的数据却不大。例如"双11"活动的时候，电商商城可能会出现上万人在同一时间提交下单的情况，但是每个读写操作向数据库提交的数据量却不大，只有订单信息和支付信息等。

2）分析型数据读写：指的是我们需要对用户数据进行分析。众所周知，一般的业务数据库是用于解决大规模并发小数据量读写场景的，而在挖掘用户行为时，更常见的操作是一次性将全量历史用户数据取出并进行分析，此时对数据库 I/O 的操作是非常大的，如果操作请求稍多就非常容易造成数据库服务宕机，而当这样的情况发生在我们的业务数据库中时，就会直接导致用户端无法使用。

想必大家应该也猜到了，我们现在做的数据分析其实属于分析型数据读写场景，不仅如此，为了方便数据分析，数据仓库的表结构还会专门依照分析维度进行设计，使其更加适合分析型数据的读写与使用。

当然，数据仓库还有很多优势与属性，鉴于本书不是面向技术人员的图书，就不一一讲述了，感兴趣的读者可以去看看数据仓库领域的专家 Ralph Kimball 撰写的《数据仓库工具箱：维度建模权威指南》一书。

接下来具体看一下在产品设计中引入数据仓库后，原有的"粗犷"的数据体系会发生怎样的变化。

> 一般来说，基于数据仓库的数据处理体系改造后会分为三个层级，分别是 ODS 层（原始数据层）、CDM 层与 ADS 层（数据应用层），它们分别用于解决数据获取（Data Acquisition）、数据存储（Data Storage）与数据访问（Data Access）这三类问题，如图 5-3 所示。
>
> （定义 5-3：基于数据仓库的数据处理体系）

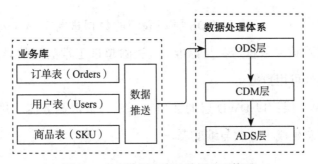

图 5-3　基于数据仓库的数据处理体系

下面具体来看数据处理体系的构成。

（1）ODS 层

负责从原业务数据库中提取原始数据并存储下来，作为原始数据备份。在此处获取到的原始数据不可修改，只能向上层提供查询服务，在存储过程中,每个用户行为数据都会形成一条记录。

对于 ODS 层内的数据,根据同步机制的不同,可将其分为如下两类。

- 离线处理数据:在每日的业务数据产生后,错峰定时推送至 ODS 层,降低对业务数据库的压力,应用场景主要为订单数据分析、用户数据分析等。
- 实时处理数据:需要实时计算数据,并实时同步至 ODS 层,应用场景主要为在新版本发布或重要活动上线后对于核心效果指标进行监控,以便发现问题时可以第一时间进行版本退回。

(2) CDM 层

负责数据的清洗与按对象生成数据主题,这里还可细分为两个子层级,即 DWD 层(明细数据层)与 DWS 层(服务数据层)。

- DWD 层:负责对 ODS 层获取到的数据进行清洗(去除空值、删除重复数据等)与标准化(去除超过正常范围的异常数据),得到可用数据。
- DWS 层:以 DWD 层的数据为基础,根据业务需求进行聚合、汇总生成主题表与维度表。

(3) ADS 层

对各种数据结果进行加工整合,为各个数据应用提供汇总好的数据集合,如为统计报表提供最终的数据集合。

有了这样一套数据分层管理体系,我们就把原本复杂的数据管理标准化了,原来从存储到清洗再到使用的整个任务被分解成了多个步骤,并要求在不同层级中完成,且每个层级只处理一个步骤。这样就使得整个数据系统具有了高可靠性。例如,当某次数据分析的结果出现问题时,我们可以不用从底层业务库中重新拿取数据,再进行清洗和计算,只需要从有问题的步骤开始重新计算即可。

此外,这样一套数据管理体系更便于应对业务方需求的变化。当数据需求发生变化时,我们只需要先分析是主题发生了变化还是统计方法发生了变化,随后再针对不同的问题调整 ODS 的取数范围或 CDM 的统计方式即可。而这一切对于业务方使用的应用层(如上文提到的数据报表)几乎不存在调整,也不需要重新对接计算,这无疑大大提高了开发效率。

接下来继续分析在实战中刘宇是怎么对 L 公司的数据取用逻辑进行改造的。

5.6 案例 08:L 公司数据底层取用逻辑改造

步骤 1:ODS 层建设

在案例 06 中,刘宇说道本次数据报表项目的开发还肩负着另一个重要任务,就是规范数据的取数逻辑。L 公司之前的数据取用逻辑非常不安全,原流程如图 5-4 所示。

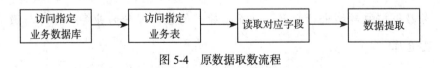

图 5-4 原数据取数流程

可以看出,在原流程中存在如下 3 个问题。

1)数据安全问题:开发者拥有直接访问线上业务数据的权限,因此存在人为修改或删除数据的风险。

2）数据性能问题：随着平台业务的不断增大，每时每刻都在读取数据库的数据，如果这时我们需要拉取整个数据库中当日的交易额、订单等数据，就会给数据库的读写带来很大的压力。假设此时又有大量用户下单，那么在对数据库进行读写的时候，就会出现线上订单写入数据库卡顿，以及部分订单写入失败等情况，影响线上用户下单的成功率。

3）数据读取问题：在 L 公司的开发模式中采用了微服务的结构，不同的模块由独立的微服务支持，因此业务数据也会分散在不同的数据库/表中，如果进行数据分析，就需要准确记忆数据存储位置。数据存储结构如表 5-3 所示。

表 5-3　商城数据存储结构

服务	商品服务	会员服务	订单服务
数据源	商品上下架数据	会员注册数据	订单成交数据
数据库/表	Pd_db/skuSale	Users_db/users	Orders_db/Orders

针对上述三个问题，刘宇为公司定义了一套新的规范的数据取数逻辑，改造后的流程如图 5-5 所示。

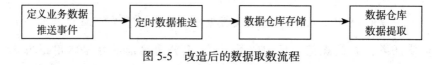

图 5-5　改造后的数据取数流程

在这一套新的取数逻辑中，最核心就是增加了数据仓库，并将业务数据按主题域进行存储，从而将原有的数据库分为业务数据库与数据仓库。

在此之后，每日会在业务量低峰时将业务数据库的数据同步至数据仓库中，后续所有的数据取用与报表计算全部在数据仓库中进行，以此降低对主营业务数据库的操作频率，让主营业务的数据库更好地服务于业务。

步骤 2：CDM 层建设

这里的建设可以分为如图 5-6 所示的 3 步。

图 5-6　CDM 层建设流程

根据公司的业务，刘宇为商城创建了一套标准的数据主题，如表 5-4 所示。

表 5-4　商城数据主题

序号	数据主题	描述
1	会员	商城注册会员基本信息
2	商品	SPU/SKU⊖属性与状态信息
3	订单	订单与支付信息
4	渠道	商城多终端交易渠道

下一步就是为每个数据主题创建分表，刘宇以商品为例，展示了搭建的维度表（Dimension）与事实表（Fact Table）的定义。

> ▶ 维度表：记录以需要观察的角度展开的要素信息，如使用时间维度，观察商品要素为：年、月、日、时、分、秒。
>
> ▶ 事实表：记录不同维度要求下具体事件的全量信息，包含每个事件的具体要素，如时间、用户 ID、购买商品 ID、支付单 ID 等。
>
> （定义 5-4：维度表与事实表）

⊖　SPU 是标准化产品单位，区分品种；SKU 是库存量单位，区分单品。

为了便于运营同事更好地理解，刘宇还写下一个存储示例，如表 5-5 所示。

表 5-5 存储示例

属性	示例
原数据	"2020 年 8 月 16 日早上 10 点半，刘宇在零食宝商城花费 200 元购买了 5 袋坚果"
维度表	时间维度（几月几号发生）、平台维度（什么平台）、商品维度（购买了什么）
事实表	时间事实（2020 年 8 月 16 日早上 10 点半）、平台事实（零食宝商城）、商品事实（坚果）

当然，表 5-5 中的三个维度可以根据需要继续扩展，如消费金额维度、用户属性维度等。

刘宇以商品管理为例，拆分得到的完整的商品事实表与维度表如图 5-7 所示。

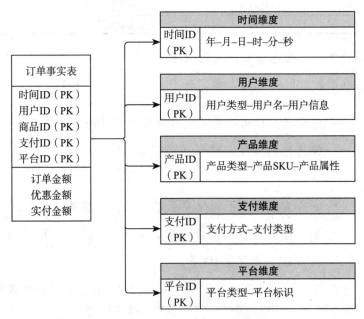

图 5-7 商品模块事实表与维度表

步骤 3：ADS 层建设

ADS 层是整个数据处理体系中面向数据使用者的应用集合。例如，刘宇在上一步确定的数据报表，其实就是这里 ADS 层的一个应用。

至此，刘宇为 L 公司搭建起了如图 5-8 所示的一个数据底层架构。

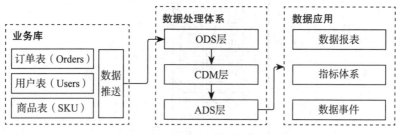

图 5-8　数据底层架构

根据最终的设计方案，刘宇拉着开发部门同事进行开发评审，正式进入开发流程，很快数据报表 1.0 便如期上线了。

到这里，数据报表与数据底层管理升级设计及技术实现的要求就介绍完毕了。

本章案例数据分析体系建设的总结如下。

1）在本章中，对于 L 公司的数据分析体系，刘宇完成了如表 5-6 所示的工作任务。

表 5-6　L 公司数据分析体系建设进度日志

任务	完成项
6	完成数据报表设计与上线
7	完成数据报表分析培训
8	完成数据底层取用逻辑标准化
9	完成数据底层架构搭建
总结	数据分析体系建设完成进度：22%

2）数据分析平台演进 V1.0，数据处理逻辑的搭建，如图 5-9 所示。

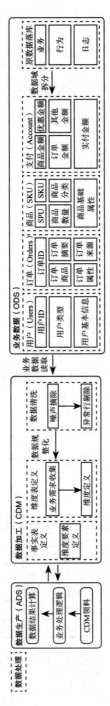

图 5-9 数据分析平台演进 V1.0

CHAPTER6 · 第 6 章

数据指标

在构建了数据报表以后,我们就实现了每日根据需要自主观察整个公司业务概况变化的目标。

但是与此同时,一个新的问题又出现了:为什么有些业务数据每天都在波动?而有些业务部分数据会突然升降,其背后反映了什么问题?

想要解答这个问题,就要来分析录入报表中的这些数据本质上到底是什么。其实,数据报表所罗列的各个数据项在数据分析中有一个专业的名词,叫作数据指标。

在前面的章节中我们其实已多次提到指标一词,并且使用了一些指标,目的就是在讲解指标这个概念之前让大家对其有一个感性的认知。这一章我们就来看看指标的完整定义。

6.1 指标是什么

对于一些偏重于功能型设计的产品人员来说，初次听到"指标"这个词可能会觉得十分陌生，但是指标的概念实际上早已遍布我们的日常生活，如图 6-1 所示。

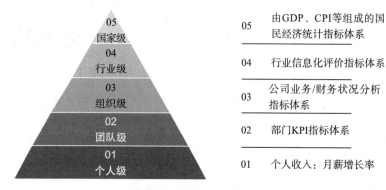

图 6-1　生活中常见的指标

从图 6-1 可以看到，任何一个级别的组织中都存在指标，大到一个国家（比如，使用 GDP、CPI 等对国家运行状态进行判断），小到个人（比如，每次过年回家，亲戚朋友通过你的个人收入这一指标来评判你工作的好坏）。

对于日常与产品相关的工作中，相信有一定经验的读者都可以脱口而出几个指标，比如日活、月活、注册率、转化率、交易量等，这就说明指标其实离我们的产品工作并不遥远。

> 可见，指标实际上就是用来量化事物的一个工具，用数字来帮助我们描述一些抽象的事件。指标具体是指一组能反映某一业务在单位时间内的规模、程度、比例的数字。
>
> （定义 6-1：指标）

例如，我们通过日活能判断出整个产品的用户量，而这个用户量又能反映出这个产品的健康程度——是否处于不断增长的过程中。

在日常的数据分析工作中，我们通常将指标分为如下三大类。

> ▶ 产品概要类指标：用于评价产品现阶段的整体情况。
> ▶ 产品流量类指标：用于评价产品内用户的数量与质量。
> ▶ 客户价值类指标：用于评价产品的盈利状况与可持续性。
>
> （定义 6-2：指标分类）

前面提到的日活，实际上就属于数据流量评价类的指标。

那么指标的重要作用是什么呢？这里引用字节跳动创始人张一鸣在微博上发过的一段话来更形象地介绍指标的作用：

"为什么刷牙不能坚持认真刷，为什么在跑步机上却能坚持跑步。有许多事情不容易做好和不被重视的原因就是因为没有指标系统。比如，如果健康有准确方便度量的指标，那么大家的身体素质一定会提高。

但是指标不见得好提炼，提炼指标的过程，本身是分解事物特征的过程，而且指标要常测量。比如：当我今天发现眼镜度数上升100度的时候，才意识到用眼过度了，才意识到在手机上看书是非常不恰当的行为。"

6.2 指标的基本构成

知道了指标的定义，下面具体来看看指标这一产物要怎么去描述，也就是如何去设计一个新指标。

我们可以根据业务的需要去自定义指标。例如，我在订单模块中就曾经定义过一个很独特的指标——订单取消率，含义是单位时间内用户订单取消数与用户下单次数之比，用来判断该用户是否属于恶意刷单用户。

但是在工作中，很多新手在对指标理解不充分的时候，如果需要为业务挑选指标，往往是在网上搜索各类指标库，从而找到自己对应业务的指标，然后进行照搬。实际上这种做法是不正确的，我们首先应该学会指标的定义方法，然后在此基础上根据自己的业务需要定义专属于我们业务的衡量指标，这样定义的指标才能精确地反映自己业务的特殊性。

6.2.1 指标的构成公式

要想自己去定义指标，首先需要搞懂指标都是由哪几部分构成的，这里为大家提供一个构成指标的统一公式。

$$指标 = 业务维度描述 + 技术维度描述$$

（公式 6-1）

下面让我们对公式里的两个部分分别进行解读。

1. 业务维度

业务维度描述就是阐述清楚这个指标的业务需求是什么，这个指标想要指代什么业务，反映出什么问题等。其实也就是大家日常与业务方讨论得最多的数据需求，例如，运营同事 A 说：我要看商城复购率。运营同事 B 说：我要看产品的日活。

这其中，对指标来说，最重要的是能清晰地定义如下两方面内容。

▶ 维度（Latitude）：衡量业务的具体维度，如用户参与次数、业务发生时间、交易频次、订单规模、用户规模、新用户增长规模等。
- 量度（Particle size）：指标的取值范围与单位，如用户参与人数为"200人"、交易频次为"每周3笔"、用户规模为"20万注册用户"、新增用户规模为"日新增1万注册用户"等。

注意：在设计量度时，我们可以参考统计学中的常用事物测量方式，将事物按具体内容和表现形式从三个不同角度划分为总量规模测量（总数）、相对测量（比率）和平均（日均）等。

下面用一张图来表示通过维度和量度构成的指标关系，如图6-2所示。

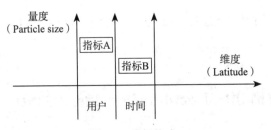

图6-2 指标构成

除了上面两个描述项外，表6-1中还总结了在业务维度中必要的描述字段。

表6-1 指标业务维度描述属性

序号	描述项	释义
1	指标名称	用于说明指标是什么，如GMV、核心事件完成率
2	指标作用	指标是为了监控什么而设立的
3	指标分类	该指标属于前文提到的三大类指标中的哪类指标，以及具体子类，如产品营收→交易规模类
4	指标维度	指标衡量的是具体业务的哪个维度
5	指标量度	指标的取值范围与单位
6	指标展现方式	该指标采用什么样的展现形式，比如数字、图表等

2. 技术维度

技术维度描述的是一个指标除了要定义清楚具体的需求外，还要面向技术人员准确定义该指标的实现逻辑，因此该维度也就是技术人员为了实现这一需求而必须了解的内容。表 6-2 总结了从技术维度来说必须要描述的字段。

表 6-2 指标技术维度描述属性

序号	描述项	释义
1	数据来源	数据从何处采集，如访客埋点、按钮点击次数统计
2	数据算法	指如何计算该指标，如活跃用户 = 今日访问用户 / 总注册用户
3	数据更新频率	数据指标多久统计一次，如日活需要在第二天统计计算头一天的数据
4	数据存储方式	存储中间值或者最终值

在掌握了指标的这两个维度后，我们就可以根据自己的需求去自定义一些指标了。下面来看看实战中刘宇是如何去定义指标的。

6.2.2 案例 09：L 公司电商平台指标库的梳理

搭建完数据分析报表，刘宇也意识到很多时候从数据报表中发现的问题（如订单量骤降、交易额激增等）无法定义并跟踪产生的具体原因。

为了解决这个问题，刘宇的第一反应是必须要分环节去定义指标，也就是将产品分为不同的节点，在每个节点增设指标，从而扩充指标数量，以此扩大业务的检测范围。有了多个指标后，后续无论是在哪个环节进行分析，都可以找到对应模块的指标。

根据指标的通用分类，刘宇将电商平台产品的指标汇总整理成了由三个维度组成的 V1.0 指标库，如表 6-3 至表 6-7 所示。

L 公司数据指标库 V1.0

第一类：产品概要类指标

表 6-3　产品概要类指标

指标大类	维度	指标项
流量类规模指标	用户参与类维度	独立访客数（未注册）
		注册会员数
营收指标	交易完成类维度	成交金额（GMV）
		销售金额
		销售毛利

第二类：产品流量类指标

（1）流量价值评价

表 6-4　产品流量类指标

指标大类	维度	指标项
流量价值指标	成本类维度	单客获客成本
	质量类维度	累计购买的用户数
		活跃率
		商品页浏览时长
	付费能力类维度	会员下单数
		会员复购率
		会员平均的购买次数

（2）新旧流量评价

表 6-5　新旧流量类指标

指标大类	维度	指标项
用户指标	基础类维度	客单价
	消费行为	消费频率
		重复购买率
		最近一次的购买时间
新用户类指标	基础类维度	新用户数
		新用户客单价

第三类：客户价值类指标

（1）普通交易行为评价

表 6-6　普通交易行为类指标

指标大类	维度	指标项
购物车类指标	基础类维度	加入购物车的次数
		加入购物车的用户数
		加入购物车的商品数
	转化类维度	购物车支付转化率
下单类指标	基础类维度	下单笔数
		下单金额
		下单用户数
	转化类维度	浏览下单转化率
支付类指标	基础类维度	支付金额
		支付用户数
	转化类维度	【浏览-支付】用户转化率
		【下单-支付】用户转化率
交易类指标	交易完成维度	交易成功的订单笔数
		交易成功的金额
		交易成功的用户数
	交易失败维度	交易失败的订单笔数
		交易失败的订单金额
		交易失败的用户数
	退款类维度	退款总订单笔数
		退款金额

（2）活动交易行为评价

表 6-7　活动交易行为类指标

指标大类	维度	指标项
营销活动类指标	用户参与类维度	活动曝光次数
		活动点击率
	效果类维度	新增访问用户数
		新增注册用户数
		新增订单笔数
		下单转化率
		活动 ROI

通过上述的指标表,刘宇清晰地将电商平台业务的各个重要节点管理起来了。当然,上面只是罗列出了相关指标,还需要按照标准的指标构成公式将每个指标的详细定义表述出来,这里以累计订单数这一指标为例,了解一下刘宇是怎么进行指标描述的。

注意: 对于电商行业的读者来说,可根据实际的业务情况以案例中给出的电商类产品指标体系与维度作为模板来完善自己的指标定义,从而建立自己的指标体系。

累计订单数的业务维度描述如表 6-8 所示。

表 6-8 业务维度描述

序号	描述项	释义
1	指标名称	累计订单数
2	指标作用	统计单位时间内,累计下单量,以此判断交易规模
3	指标分类	产品营收→交易规模类
4	指标维度	订单规模
5	指标量度	成交笔数
6	指标展现方式	正整数数值展示

累计订单数的技术维度描述如表 6-9 所示。

表 6-9 技术维度描述

序号	描述项	释义
1	数据来源	商城用户的订单
2	数据算法	单位时间内已下单并支付完成的订单,每次累加 1 计算(要特别说明的是,当订单发生退款或取消时,订单数不减少)
3	数据更新频率	指标按月统计并生成新值
4	数据存储方式	存储最终值

需要注意的是,整个指标库尚未设计完毕,确定完指标范围后我们需要做的更重要的工作是统一公司内部人员对于这些指标的理解,

从而避免出现指标口径不一致的现象。

因此在建立起这样的三类指标库后，刘宇请整个公司内部的运营人员与商城端的产品经理一起开了个对齐会，要求整个公司内部关于数据指标的使用，只能取自于这三个指标库中的指标项，若有特殊需要，要用指标库中不存在的指标，需要单独提报，经讨论后加入指标库中。

通过这样的方式，刘宇就在 L 公司内部建立了一个各职能岗位通用的指标标准，以后大家在沟通中就可以使用同一套指标去描述与讨论问题，从而降低了信息误差与沟通成本。

6.3　指标体系

搞懂了指标后，接下来我们了解一个进阶的指标概念——指标体系（Indication System）。这也是在第 3 章提到的数据分析核心公式构成所必需的元素。

众所周知，我们进行数据分析的核心目标是为了帮助业务人员发现当下业务存在的问题以及背后的原因，从而制定下一步决策。

试想一下，如果你仅看到一两个孤零零的数据指标，如日均订单量下降 20%，你虽然能确定当前的业务存在问题，但是这背后的原因是无法从这单一的指标上得知的。所以这时就需要更多的数据指标来定位问题了，如下单用户量变化等，在上面的叙述中已经通过三类指标分类梳理出了指标库。但在指标库的基础上，我们还需要将指标按照一定的层级逻辑进行组合，在指标体系中，可以分为以下两个层级。

- 问题指示指标：发现并定义问题的指标，如用户数下降中的用户数指标。

- 原因定位指标：描述全局现状的其他指标，如各渠道新增用户数、流失用户数指标等。

至此，我们可以得出指标体系的定义：

> 多个指标以一定的逻辑组合成的能反映当前的业务问题，并能定位业务问题背后原因的指标集合。
>
> （定义 6-3：指标体系）

那么指标体系要如何定义，才能精准找到原因并定位指标，且让数据后台发挥应有的作用呢？下一章里会为大家介绍具体的指标体系搭建方法。

本章案例数据分析体系建设的总结如下。

1）经过本章内容的构建，对于 L 公司的数据分析体系，刘宇完成了如表 6-10 所示的工作任务。

表 6-10　L 公司数据分析体系建设进度日志

任务	完成项
8	完成指标库梳理
总结	数据分析体系建设完成进度：25%

2）数据分析平台演进 V1.1，完成指标体系定义，如图 6-3 所示。

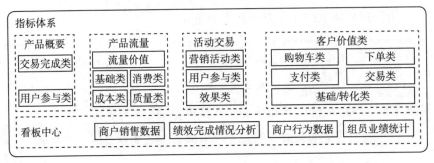

图 6-3　数据分析平台演进 V1.1

第 7 章 · CHAPTER7

从零开始设计指标体系

7.1 指标体系建立方法论

通过上一章的学习,我们知道了指标体系及其对应的作用,接下来就来学习如何为企业业务量身打造一套数据指标体系。

要想搭建一套完整的指标体系,除了对业务非常熟悉之外,拥有一套正确的建设方法论也是必不可少的。

通常指标体系的建立方法共分如下 4 步。

> 1)确定数据分析目标。
>
> 2)定义纵向指标维度(层级设计)。
>
> 3)定义横向指标维度(指标填空)。这其中又分为自上而下探寻(业务域驱动指标定义)和自下而上探寻(功能逆推指标定义)。

> 4）定义各维度指标项。
>
> （方法 7-1：指标体系的建立方法）

接下来就让我们逐步拆解来看。

7.2 确定数据分析目标

第一步也是指标体系建设的核心，需要我们找到当下阶段业务的发展目标，由目标驱动完成指标体系的建设。

如何快速识别业务目标呢？在解答这个问题之前，我们应该问自己这样一个问题：到底什么才是我们的业务关注点？

这里依据产品的价值属性将市面上的产品进行了归类，划分得到了 4 个大类的产品，而在每类产品中都有自身对应的业务关注点，具体如表 7-1 所示。

表 7-1 各类产品业务关注点

序号	产品分类	业务关注点
1	工具类产品	工具使用率
2	内容类产品	内容质量
3	社交类产品	社交网强弱
4	交易类产品	订单转化率

依据这一业务关注点寻找方法，我们只需要对产品分类进行定义，然后就能很轻松地找出业务重心，表 7-2 中给出了更多的示例。

读到这里大家是否有似曾相识的感觉？没错，业务当下阶段的重心，其实也就是前面带大家探寻过的北极星指标。

在这里，我们需要根据定义出的北极星指标，去思考哪些指标可以帮助判断当前业务的北极星指标的作用，即是朝好的方向发展，还是朝坏的方向发展，而这些指标就是指标体系的构成元素。

表 7-2 业务关键点示例

序号	示例产品	产品分类	业务关注点
分类	天气预报	工具类产品	天气查看天数
2	母婴社区	内容类产品	用户发帖数、回帖数
3	相亲平台	社交类产品	男女配对数量
4	电商平台	交易类产品	订单转化率

我们可按图 7-1 所示的流程去定义指标体系。

图 7-1 指标体系定义流程

确定了这个思路，我们也就确定了接下来的任务，那就是寻找可以真正去衡量业务核心好坏的指标。

这里的指标要满足两个条件：

- 根据业务的定义出发，且有足够细粒度的指标。
- 该指标不能是假性、虚荣性指标及后见性指标。

7.3 纵向指标维度定义

在确定了数据分析目标以后，下一步要做的就是定义指标体系的深度，使指标体系成为一个类似指标金字塔的上下结构。

7.3.1 为什么要定义指标体系的深度

为什么要定义指标体系的深度呢？大家都知道，在任意一家公司中，任意一条业务线都有自上而下不同层级的管理者，如部门经理、产品线负责人、业务线 VP、基层运营等，他们对数据指标的关注各不相同，也就是说，每个人都有自己衡量整个业务的关注点。

因此我们在设计纵向指标维度的时候，需要为不同层级的数据使用者确定对应的数据指标，也就是梳理出以下两个方面的内容：

- 不同层级有数据需求的人是哪些。
- 该层级人员关注什么指标。

下面来看一下刘宇在实战中是如何进行纵向指标维度定义的。

7.3.2 案例 10：L 公司纵向指标维度定义

前面在设计数据报表时，与公司内部不同层级的人碰面后，刘宇也逐渐发现了一个问题：不同级别人员关注的内容大相径庭。

对此，刘宇参照之前在设计数据报表时的调研访谈内容，将公司中不同层级人员的数据指标需求进行了细化整理，如表 7-3 所示。

表 7-3 各层级数据需求

序号	职位	数据需求	类型
1	公司一把手	概要类指标： （1）日订单量；（2）日交易额	粗颗粒度
2	商城运营：运营经理	模块类指标： （1）日用户人均下单量；（2）日客单价	细颗粒度
3	商城运营：运营专员	节点类指标： （1）加购率；（2）支付完成率	极细颗粒度

在得出各级别的数据需求结果后，下一步就是将不同层级的关注指标范围进行二次抽象合并，从而得到纵向的指标层级结构。

在定义指标层级结构时，刘宇用到的方法是三级指标层定义，如图 7-2 所示。

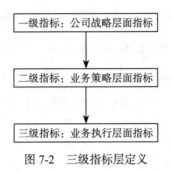

图 7-2 三级指标层定义

看着身旁一脸问号的研发人员，刘宇只能尽量用更通俗的话来解释这三级指标之间的区别。

一级指标：能否反映公司概要情况

使用业务概览类指标反映整体业务的运营现状，也就是之前在数据报表中涉及的指标，方便一眼确定业务现状。

二级指标：能否反映产品当前的运营情况

通常为了实现一级指标，都会制定对应的产品运营解决方案，而二级指标就是用来衡量这些解决方案是否很好地实现了一级指标（衡量实现路径效果）的。

三级指标：能否帮助一线人员定位问题，指导运营工作

第三级指标必须要聚焦到用户动作上，从而确定下一步工作，比如，收藏率（用户对商品是否感兴趣）、注册页填写时长（注册页填写任务难度）、回购率（用户第一次购买后，对整体平台的购物体验是否满意）等。

7.4　横向指标维度定义

如果说通过上一步我们搭建了一个自上而下的金字塔结构，那么这一步就是要对金字塔每个层级的广度进行定义，即定义指标金字塔每层的具体范围。

7.4.1 指标的寻找方法

回顾一下前面讲述的内容，我们已经学习了一连串的概念与方法论：指标定义、指标体系定义、三级指标层级，现在需要补上指标体系的最后一环，即根据具体的业务寻找准确的监测指标，就像做填空题一样，填充金字塔框架中的内容。

通常来说，我们可以用以下两种方法去寻找指标。

> ▶ 自上而下法（Top-Down strategies）：由业务域驱动进行指标设计。
> ▶ 自下而上法（Bottom-Up strategies）：由现有系统的功能模块逆推功能指标。
>
> （方法 7-2：指标寻找法）

下面带着大家逐个进行了解。

7.4.2 自上而下的指标寻找法

自上而下其实就是从业务的实际需求出发，根据需求逐一拆解衡量的指标。在这种模式下如果有可以直接度量业务的指标，那么可直接加入指标体系中（如订单转化率）。但是，也有很多问题我们是没有办法用直接的指标统计出的，此时就需要我们发挥创造性，定义一些间接指标，从侧面来反映问题。

这里举一个比较特别的例子，在 2020 年国内疫情被国家以快速的应对措施控制住后，作为世界的重要经济引擎，全世界都在关心当时中国的复工情况，而此时相应研究部门又不可能逐家企业去调研，为此我们就需要使用一些侧面指标去反映复工情况。

指标1：通过二氧化氮的排放量来反映复工情况

我们知道在日常的生产生活中，大多数制造企业在生产与城市交通系统运行时都会排放二氧化氮，那么我们是否可以将二氧化氮的排放量作为一个企业经济活动的侧面反应物呢？

查询网上的公开信息，得到疫情暴发前后二氧化氮的排放量，将两者进行对比，可以看到武汉地区的二氧化氮排放在封城抗疫期间急剧减少，如图7-3所示。

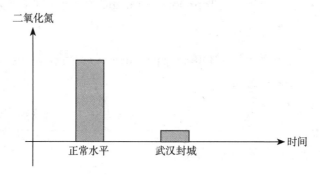

图7-3　二氧化氮排放对比

因此，我们不难推断出二氧化氮排放量的变化与在疫情期间实施严厉高效的防疫隔离措施有关。可见，通过监测二氧化氮排放量的变化这一间接指标来观测复工情况是可行的。

指标2：城市拥堵指数

除了通过二氧化氮排放量监测企业复工情况以外，对日常居民的消费生活，我们可以使用一个常见的指标，就是城市拥堵指数来判断。

根据3月份百度地图公开发布的数据可以看到：

根据春节假期结束后复工首月（2月3日至3月1日）各城市的拥堵数据分析显示，全国拥堵排行TOP5城市为：上海、北京、杭州、南京和天津。而排名第一的上海市，通勤高峰期拥堵指数为1.1902，较去年同期下降了28.89%。

有了这个对比，实际上我们就能找到疫情前后经济运作体系中的一个侧面反应物，即只需要对比疫情前后拥堵指数的情况，就能从侧面衡量复工水平。

以上两个指标的定义，其实就是领域驱动设计中一个正向的思维方式：

业务域→需求域→实现域

第一步：完成业务域到需求域的转化。

我们可通过分析实际业务构成点，来拆解一个具体的业务。比如，上面的案例中我们将经济复苏这一大的业务细分成企业复工与日常居民消费情况，在企业复工方向主要指标是企业生产恢复率、在日常消费领域主要指标是日常生活恢复率。最终抽离出如图7-4所示的需求域。

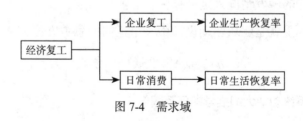

图7-4 需求域

第二步：完成需求域到实现域的定义。

在这一步，我们会根据细分的需求目标去寻找能够反映这些目标的指标，如将企业生产恢复率定义为企业生产所带来的二氧化氮排放量。

通过日常消费恢复情况，衡量城市居民的日常出行拥堵率，最终完成真正监测中我们需要看到的如图 7-5 所示的具体指标实现域的定义。

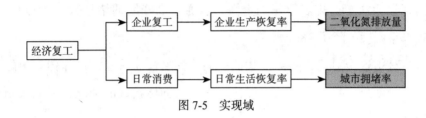

图 7-5 实现域

由于通过这种方法找到的指标往往都是间接性的指标，因此也将这种自下而上寻找指标的方法称为侧面指标寻找方法。

7.4.3 自下而上的指标寻找法

在找寻指标的过程中，除了根据业务情况寻找和创造指标之外，还有一个相对简洁的方法，就是根据现有的系统逆推指标。

众所周知，我们系统的所有功能都是为用户服务的，那么在设计指标的过程中，用户对于某功能是否愿意使用与使用是否频繁等情况，其实就反映了用户对于该系统模块是否接纳，因此我们可以通过各个模块中功能的触发情况来定义指标。

这实际上就是领域驱动设计中一个逆向的思考方法：

功能域→需求域→业务域

1. 由系统功能大纲推导指标范围

我们将系统面向用户提供的功能都罗列出来，如审批流程中有审批发起、审批附件添加、审批人审批、审批状态通知等功能。根据这几个功能我们可以定义出如下的监测指标范围，如使用审批频率、审批成功次数、审批耗时等,这一步需要我们尽可能地穷举出所有指标。

2. 根据指标范围增添其余指标

上一步穷举出了该模块所能统计的指标范围,那么我们就得到了功能指标的全集范围。由于功能对应的指标有限,因此还可以根据需要从外部挑选一些额外的侧面指标,以此组成最终的指标体系。

通过这种方式我们能很快地定义出指标范围,在此过程中,不需要过多地去思考、创造指标,仅仅以当前系统模块所能支持的范围出发即可。但是这个方法的局限性也很明显,因为我们是根据当前功能定义的指标,指标的范围也只能监测当前功能,无法覆盖完整业务。

此外还需要注意的是,指标体系的建设是一个非常复杂的过程,在运用这里的思路之前,一个重要的前提是必须要搞清楚自身的业务与业务的目标,否则我们搭建的指标体系将是空中楼阁,无法对业务起到真正的指导作用。

下面我们来看看刘宇是如何进行指标横向维度定义的。

7.4.4 案例11:L公司横向指标维度定义

在定义完指标层级之后,接下来就要具体定义每个层级指标了。为了能毫无遗漏地搜寻指标并尽可能完整地涵盖所有的业务,刘宇选择了自上而下的搜寻方法。

想完成自上而下的指标搜寻,在工作中经常会用到如图7-6所示的这个分析框架——OSM分析框架。

图7-6 OSM分析框架

> - O（Objective，目标）：用户使用本功能的目标是什么？该功能满足了用户的什么需求？
> - S（Strategy，策略）：为了达成上述目标，我们采取的业务策略是什么？
> - M（Measurement，指标）：与这些策略对应的数据指标都有哪些？
>
> （定义 7-1：OSM 分析框架）

OSM 其实是一个指标的广度定义搜寻法，它能帮助我们找出每一步的业务运营策略，从而依次针对每一个运营策略寻找对应的指标。

以下是刘宇以 OSM 分析框架拆解的商品评论模块的指标示例。

1）业务目标 O：发布个人对商品的评价，背后的业务思考如下。

- 给其他用户真实的参考，提高下单转化率。
- 完成情感宣发，避免将购买到不好产品的影响转嫁到平台上。

2）业务策略 S：评价送积分、评价回复、评价点赞、到期自动好评等。

3）衡量指标 M：具体如表 7-4 所示。

表 7-4　衡量指标

序号	分类	监控指标
1	结果性指标	发布评价数
2		评价点赞数
3		评价数
4		优秀评价数
5		评价积分获得数
6		自动好评比例
7	过程性指标	评价查看率
8		评价按钮点击率
9		评价互动率

注意：在 OSM 框架中通常会将衡量指标分为如下两类。

1）结果性指标：用于衡量用户发生某个动作后所产生的结果，通常是延后才知道的，很难进行干预。

2）过程性指标：用户在做某个动作时所产生的指标，可以通过某些运营策略来影响这个指标，从而影响最终的结果。

在搞懂了 OSM 模型的运行原理后，刘宇继续将案例 10 中定义的三级指标进行了拆解，得到的结果如表 7-5 所示。

表 7-5 三级指标拆解

序号	分类	指标
1	一级指标	订单成交量
2	二级指标	新客下单数 + 老客下单数
3	三级指标	新增用户数 + 非新增用户的历史首单用户数 + 存在一次购买的订单

使用 OSM 分析框架再次进行分析，可以得到如下结果。

1）业务目标 O：订单成交量。

2）业务策略 S：爆品零食推送、优惠券发放、零食软文推送。

3）衡量指标 M：具体如表 7-6 所示。

表 7-6 衡量指标示例

序号	分类	指标
1	结果性指标	推送阅读率
2		推送跳出率
3		优惠券使用率
4		优惠券过期率
5		下单率
6		爆品下单数
7	过程性指标	推送打开率
8		优惠券查看率
9		优惠券领取数
10		订单加购数

这其中，对于一些颗粒度较大的指标，还需要进行二次拆解，将其细化成若干小指标，以保证监控的粒度足够细。

可以按照以下两个维度来拆解核心指标。

1）按照不同属性将其拆解为多个子指标之和。例如，订单加购数 = 本日新用户加购数 + 本日会员加购数。

2）按照递进关系将其拆解为多个子指标之积。例如，爆品下单数 = 浏览用户数 × 转化率。

下面总结一下刘宇在设计 L 公司电商平台指标体系时的具体步骤。

步骤 1：怎么想

使用核心指标驱动式完成指标体系的建设，如图 7-7 所示。

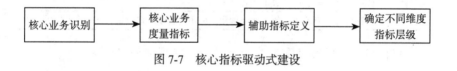

图 7-7 核心指标驱动式建设

步骤 2：深度怎么定义

深度定义即定义指标金字塔的上下结构。

纵向为不同层级确定数据目标。

步骤 3：广度怎么定义

广度定义即定义指标金字塔每层的维度。

通过 OSM 维度框架实现，用以增加描述的准确性。

通过这个案例，我们看到了指标体系建立的完整过程，但需要注意的是，指标体系的规划不可能是一蹴而就的，任何一套指标体系都无法满足产品的全生命历程，因此我们还需要建立一个反馈机制来不断迭代指标体系。也就是通过每次定义指标体系进行指标效果确认

（是否解决运营日常需求），根据业务方反馈进行二次迭代，用流程表示即如图 7-8 所示。

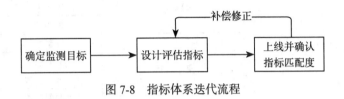

图 7-8　指标体系迭代流程

7.4.5　电商类业务常用指标库

下面总结一下电商中常用的指标，这里按照电商的经典理论"人、货、场"进行分类总结，具体见表 7-7 至表 7-9。

表 7-7　监控与"人"相关的指标

类别	一级指标	二级指标
流量类（访客）	流量来源	来源渠道
	流量数量	UV
	流量质量	浏览深度（PV）
		停留时长
		来源转化率
用户类（下单）	用户数量	新客用户数
		老客用户数
		新老用户比
	用户质量	用户日活
		复购率
		客单价

表 7-8　监控与"货"相关的指标

类别	一级指标	二级指标
配货需求	备货广度	备货品类数
		备货 SKU 数
	备货宽度	SPU 含 SKU 数
	备货匹配度	采销比

(续)

类别	一级指标	二级指标
销售分析	销售结构	品类数
		价格带
		折扣带
	商品质量	售罄率
		上架天数
		可售天数
		加购次数
退货分析	售后分析	退货率

表 7-9 监控与"场"相关的指标

类别	一级指标	二级指标
销售分析	销量	SPU 销量
		SKU 销量
		品类销量
	销售	GMV
促销分析	优惠券效果	发券数量
		使用率
	活动效果	活动 SKU 数
		活动订单数
		活动销售额

7.5 拓展：指标体系的应用

在建立起完整的指标体系后，后续在产品运营中就可以凭借精准的用户数据设计一些有爆炸性的商业营销活动了。下面来看几个案例。

7.5.1 99元健身卡的数据秘密

部分进入健身领域的互联网企业，为了吸引用户设计了99元的健身房月卡套餐,一举颠覆了原来动辄需要几千元的线下健身房付费模式,但是他们这样运营真的能赚钱吗?他们为什么敢这样设计?

本质上这其实就类似于金融对赌协议,赌的就是你不去,这些企业通过建立指标,去收集大量健身用户的健身习惯数据,如会员一年内健身房访问记录、健身房停留时长、器械使用率等。

接下来运用统计学进行用户群体数据建模。

步骤1:衡量一个用户从兴趣高涨期到回落期每周使用健身房的平均次数,进而计算出其中的峰值与平均值。

步骤2:计算出单店每周可容纳用户人数的峰值。

步骤3:根据前两步得到的区间定义会员卡可销售数量。

步骤4:根据公式(会员卡 × 定价 = 成本 + 利润),得出定价(即99元)。

随后将得出的运营方案在部分门店试运行,如果发现用户使用健身房的平均次数没有明显上涨,而是维持在数据模型范围中,则说明用户的健身频次测算正确。

这时就可以开始全门店推广,因为通过数据我们看到即使全部定价99元,健身房的实际使用量依然会维持在一个恒定值,不会让门店出现超载的情况,而99元的月卡完全打破了用户的消费心理顾虑,购买转化率反而会大大上涨。

这就是依据数据策划高阶运营的一个典型案例。

7.5.2 网盘容量免费大战的背后

再举一个反面的例子,在互联网领域前几年的网盘业务赛道中,有网盘企业曾经推出了一系列的营销活动来刺激用户使用:

- A 公司宣称每位用户可以免费获得 1GB 的容量。
- B 公司宣称每位用户可以免费获得 10GB 的容量。
- C 公司宣称每位用户网盘容量全部免费，无上限。

那么大家有没有想过是什么原因驱动 C 公司去推行全部免费空间策略的呢？

很明显这些公司背后肯定是进行过用户测算的，C 公司根据自己的用户数据，计算了在初期的用户数据中，网盘用户的平均使用容量只有 700MB 左右，连 1 个 GB 都不到。因此可以估算，一个正常用户在日常场景中使用网盘的容量峰值可能就是 1GB，其他的看似送给用户的免费空间都是没有用上的理论空间，也就是每位用户在服务器上真实的占用空间也就是 1GB，正是看到了这个数据，C 公司才会决定推出无限量送用户容量的活动。

但是大家也知道，后期众多的网盘公司因为免费策略纷纷支撑不住了。出现这样的局面是因为在网盘的免费大战打开后，用户惊奇地发现网盘成为可随时随地存放文件的常态场景，大家开始把所有的文件都放在网盘上，而且随着上传的文件增多，用户对平台的依赖性就越高，文件的上传下载也就越频繁。

以笔者了解到的当年国内某头部网盘公司的具体数据来看，人均使用量已经高达 25GB，相对于初期的平均使用容量增长了 25 倍。

从这个案例中不难看到，网盘产品失败的一个重要原因是未预料本策略投放市场后的市场变化，没有预测到数据会有如此的增长，在后面的篇章中会为大家带来此类问题的解决方案——A/B Test。

上面这两个案例只是指标体系在产品运营中发挥价值的小案例，在

第三篇中会为大家带来更多运用指标体系去辅助进行产品运营的内容。

本章案例数据分析体系建设的总结如下。

在本章中，对于 L 公司的数据分析体系，刘宇完成了如表 7-10 所示的工作任务。

表 7-10　L 公司数据分析体系建设进度日志

任务	完成项
9	确定数据分析目标
10	完成指标层级的定义
11	完成各层级指标的填充
12	完成 L 公司指标体系的定义
总结	数据分析体系建设完成进度：38%

第 8 章 · CHAPTER8

数据采集管理

通过前面两章的梳理,我们已经得出了一家公司的数据需求清单,在这里可以总结为定性与定量这两类需求。

- 定性:业务需要数据化衡量。
- 定量:业务数据化的落地产物——数据指标。

为了实现上述业务数据化的需求,现在要实现数据分析平台落地(见图8-1)的关键一步——搭建数据采集机制,用以收集参与指标计算的数据。

图 8-1　数据分析平台建设三步走

8.1 数据采集的常见方式

为什么要去研究数据采集呢？大家可以回想一下自己在工作中是否会经常遇到以下问题：

- 真实数据与后台获取到的数据差距很大。
- 同一数据在不同的指标内有两个完全不同的结果。
- 需要统计的数据与采集获取的数据不是同一类。

其实，这些问题的本质都是因数据采集环节定义不清晰造成的，可见，我们必须要重视数据采集的方法与定义，而不仅仅是将需求扔给开发部门完成。

下面先来学习一下日常工作中用到的数据采集方式，具体可以分为如下两类。

> - 透明采集：指看不到原始数据，只能通过统计上报采集，常见的方法如埋点。
> - 透明采集：直接提取业务线中现有的系统数据库中的数据，如日志服务器数据的整理抽取，在POS机的交易数据库中抽取订单数据等。
>
> （定义 8-1：数据采集方式）

在日常工作中，这两种采集方式通常是结合使用的，可以此来丰富数据采集维度。但必须要强调的是，大家在设计数据采集方案时，一定要把握设计的度，否则很多新入行的产品经理可能会走向如下两个错误极端。

1）采集数据颗粒度过细，导致应用缓慢。

很多产品经理在定义数据指标时，由于不能清楚地定位数据平台的监控范围，害怕遗漏，便将产品中的所有元素都埋上点，导致一个图文资讯类产品在用户打开后流量消耗和看视频一样巨大，严重拖累产品体验。

2）数据统计点过少（颗粒度过大），导致发现问题时无法定位具体原因。

当然，除了以上问题，也出现过另外一种过激的场景：为了避免应用过于臃肿，而只采集了日活、月活、留存等通用的用户数据，当用户量抖动变化时，根本无法定位究竟是什么原因导致的，数据使用者看到了这样的结果却又无法追溯问题，内心其实比不知道用户流失还难受。

让我们继续回到 L 公司的案例中，了解具体实战中要怎么正确进行数据采集设计。

8.2 案例 12：L 公司数据采集定义

拿着自己构建的数据指标体系，刘宇告诉项目经理，如果想要完美地推动设计的数据指标落地，最重要的一步就是开发一套能获取整个分析体系的"燃料"工具，这里的"燃料"也就是指获取整个业务的数据。

可以说，数据平台的地基就是数据采集，如果采集的数据不准或者不到位，就会导致上层的分析模型无法正常运行，进而导致依据该分析结论得出的决策是错误的。

经过一番讨论,刘宇总结出当前 L 公司的数据采集现状如下。

- 无数据采集环节:由于领导是做传统线下零售企业起家的,初踏入互联网依照的还是线下企业管理的方法,即只关注每日数据库拉出的汇总交易额与订单数,因此无数据采集环节,而之前设计的数据报表是直接读取数据库中的数据,也就是使用的是透明采集方式。
- 只关注业务数据:由于是按照线下企业管理方式设计的,只关注了成交订单量,因此根本没有互联网中流量、转化率等用户概念,自然也没有用户行为分析相关概念了。

调研完当下公司的采集现状后,刘宇针对整个业务的数据采集给出了如表 8-1 所示的全新定义。一个完整业务的数据采集应包含表 8-1 中的两个部分。

表 8-1 数据采集

序号	数据采集类型	数据来源	类型定义	采集目的
1	用户数据	前端操作	指用户访问本平台,在本平台进行的一系列用户操作,常见的如浏览量、点击率等	分析用户的行为事件
2	业务数据	前端操作 后端日志	主要指用户在平台完成业务交易(交易端/履约端)时产生的数据,常见的如交易额、订单量、采购等	分析交易结果

(方法 8-1:数据采集)

注意: 前端泛指用户所使用的客户端,后端泛指公司内部的服务端。

8.3 数据核心采集方式：埋点

前面已多次提到埋点，那么，到底什么是埋点呢？埋点的完整定义如下：

> 所谓埋点，又称事件追踪（Event Tracking），是指针对特定标识用户的行为或事件进行捕获、处理与传输等操作的全过程。
>
> （定义 8-2：埋点）

通俗点来说，就是在用户使用的客户端中加入一个记录者，忠实地记录用户的每一步操作，帮助我们洞察用户的真正行为。例如，用户到底喜欢什么，厌恶什么，从而让我们获取到正确的一手用户数据。

通常情况下，一个埋点主要由三部分组成：目的、所服务的指标和埋点细节说明。

对于埋点的设计，在工作中有如下三个一般性的设计原则。

- 反应事件：必须能准确地获取要监测的事件。
- 描述完整：必须能清晰地反馈用户的完整行为。
- 用户追踪：必须能判断出哪类用户有问题。

满足这三个一般性设计原则才称得上是一个比较完整的数据埋点方案。

8.3.1 原则 1：反应事件

在工作中我们需要统计的用户行为是多种多样的，因此在设计埋点时也应该按照不同的类型进行划分，埋点的监测行为可以分为如下三类事件。

- 点击事件：用户点击按钮触发的事件。
- 展现事件：用户的操作界面中出现了多少次该事件。
- 停留事件：用户停留在该页面的时长。

8.3.2 原则 2：描述完整

划分不同的用户事件只是完成了需要监测的事件，为了能清晰地反馈用户行为，我们还需要将用户的行为再做一个细分，用户的行为可以划分为如下两类。

- 有效行为：指触发了带有业务含义的操作，通常用来分析活动/产品的有效性。比如，Banner 广告位点击、推荐商品点击等，据此来得到转化事件的触发率，并评估运营活动/推荐算法的有效性。
- 点击行为：指用户在产品内的一般性点击，通常用来帮助推进产品迭代。比如，用户经常误触某些元素，我们就要分析是什么设计误导用户认为那里是可以点击的，从而进行产品迭代，将用户的操作引导到有效行为上。

8.3.3 原则 3：用户追踪

要想实现用户追踪，我们就需要使用多种埋点方式来获取全面的用户数据。在埋点技术的发展过程中，埋点一共被划分为四类，如表 8-2 所示。

表 8-2　埋点分类

序号	类型	采集方式	缺点
1	代码埋点	设计并定义用户事件，由开发人员编写代码完成采集	需要产品经理定义，开发工作量大
2	全埋点	无须设计埋点嵌入统计 SDK，由其自动统计上报	数据准确性不高，统计维度单一（用户点击/用户查看）
3	可视化埋点	嵌入统计 SDK，在后台页面签订需要统计的事件，由其自动统计上报	技术成熟性低，支持的可视化选择事件不多，部分自定义业务事件无法统计
4	服务器埋点	通过监测接口调用计算埋点数据	缺少前端交互，无法判断数据发生场景

下面从两个维度来对这几种埋点方式进行排序。

1）从准确性上来说，代码埋点 = 服务器埋点＜可视化埋点＜全埋点。

2）从个人推荐上来说，代码埋点 = 服务器埋点 ＞可视化埋点 ＞全埋点。

下面来看一个商品浏览的埋点分析案例，该案例演示了如何完整地构思并设计一个埋点任务。

8.3.4　案例 13：L 公司埋点设计分析

根据前面的指标体系设计方案搭建了商品的数据需求分析模型后，刘宇便开始设计对应的埋点。由于成本有限，领导没有给外采第三方数据埋点服务的经费，于是刘宇只能以开发代码埋点＋服务器埋点的方式实现数据埋点。

如果埋点要想完整地记录用户行为，我们必须按照标准的埋点描述公式进行设计：

$$4W1H = Who + When + Where + How + What$$

即：什么用户在什么时间点的什么场景中以什么方式完成了哪项用户任务。

（公式 8-1）

下面逐一进行分析。

1. Who（用户）

因为我们的商城不是必须要注册才能浏览商品，也就是说它是非强登录型产品，所以商城中每天会进入大量来这里"逛街"的游客，因此与只使用账户去唯一标识用户的平台相比，这里更为复杂，需要区分系统中这两类用户的浏览行为：

- 游客的商品浏览行为。
- 注册用户的商品浏览行为。

对此可对不同类型的用户使用如下不同的标识方法。

- 游客→设备 ID（User_ID）（因为没有注册，故使用当前设备的 ID 进行标识）
- 注册用户→账户 ID（Device_ID）（登录后拥有账户，此时使用账户 ID 进行标识）

2. When（时间）

区分了是谁的浏览动作后，接下来就要记录用户于何时触发该任务，以此方便我们判断用户浏览任务是否属于一天多次浏览、用户群首次浏览峰值等一系列有特殊意义的点，通常我们有如下两种任务选择项：

- 客户端时间。
- 服务器时间（Unix 时间戳）。

由于会涉及多个终端，因此通常情况下我们都会选用服务器时间

（Unix 时间戳）进行记录，也就是用户触发该任务时服务器的时间。

3. Where（场景）

除了记录具体用户是谁及动作外，接下来帮助我们定位问题的一个辅助信息就是场景，也就是用户在什么地方进行操作，这里通常会获取以下两个数据。

- GPS：获取当前设备所在的经纬度，需在后台转化为地址信息。
- IP：在无法获取 GPS 信息时，只能使用当前用户 IP 信息获取大致地址信息。

4. How（方式）

这里记录的是用户使用方式，即用怎样的接入方式使用我们的服务，从而在分析用户问题时能更好地定位原因。主要包括如下常用的采集点。

- 设备型号：PC/移动设备，需精确到具体型号。
- 操作系统：安卓、iOS、Windows 等。
- 版本号：获取当前使用我们 App 的版本号。
- 网络：移动数据、WiFi。

这些信息对分析用户画像以及分析一些异常操作的用户有很大帮助。比如，某 App 的卸载率高达 30%，我们就可以根据数据找到原因，看是否是由于应用过度消耗用户资源导致中低端手机设备的用户卡顿，从而出现卸载的情况。

5. What（方式）

记录用户具体操作的业务对象，如商品浏览监控中定位的是哪个商品、订单转换监控中定位的是哪个订单等，从而帮助我们定位具体的业务信息。在这里我们需要记录如下信息。

- 浏览商品的类型。
- 浏览商品的 SKU_ID。

至此我们在刘宇的帮助下就将一个完整的埋点设计方案勾勒出来了，可以将这样的设计方案套用在任意一个需要埋点的方案中。

完成了设计后，接下来更重要的是输出一个完整的数据需求描述产物，此时我们需要开始撰写数据需求文档（DRD），更精确地来说，这里需要撰写的是数据埋点文档，下面来看相关案例。

8.3.5　案例 14：撰写数据埋点文档

"要撰写一个文档，最快捷的方法就是拿一个已经多次迭代的文档作为模板，在此基础上进行整理。"刘宇如是说。

在看文档之前，我们先来看看文档里涉及事件（在文档中每一组相关的埋点合并称为一个事件）的描述，具体如下。

- 事件编号：事件唯一编号。
- 事件名称：事件名称。
- 事件定义：具体想要分析的事件，如用户在商品列表页的浏览。
- 事件触发：事件被定义为一个有效事件的触发条件，如浏览时长超过 5s。
- 属性定义：事件中需要采集的数据项，如点击次数、页面浏览等。
- 属性类型：采集的数据项格式，如日期格式、数字格式等。
- 补充描述：采集的数据单位与特殊定义。
- 埋点形式：该事件的采集方式，比如前端埋点、服务器埋点等。

对着这份模板，刘宇很快写完了商品部分的数据埋点文档。

商品部分数据埋点

版本：V1.0

撰写人：刘宇

更新时间：2020 年 9 月 21 日 21:41:17

完整事件列表如表 8-3 所示。

表 8-3 商品部分数据埋点

事件编号	事件名称	事件定义	事件触发	属性定义	属性类型	补充描述	埋点形式
1	商品列表浏览	用户浏览商品列表行为（有效行为）	用户在列表页浏览停留时长大于 5s	SKU_ID	字符串	—	代码埋点
				商品分类	字符串	三级类目	
				商品价格	数值	保留 2 位小数	
				浏览时长	数值	以秒为单位统计	
2	商品点击	用户点击商品进入商品详情页（点击行为）	用户点击商品详情页进入按钮	SKU_ID	字符串	—	代码埋点
				商品分类	字符串	三级类目	
				点击时间	数值	精确到秒	
3	商品详情浏览	用户浏览详情页行为（有效行为）	用户在详情页浏览停留时长大于 15s	SKU_ID	字符串	—	代码埋点
				浏览深度	数值	根据浏览页面比例进行统计	
				浏览时长	数值	以秒为单位统计	
4	商品加购	用户触发加购行为（点击行为）	用户点击商品加购按钮	SKU_ID	字符串	—	服务器埋点
				商品价格	数值	保留 2 位小数	
				用户 ID	字符串	—	
				购买时间	数值	精确到秒	

注意：表中事件 1～3 为用户行为，事件 4 为交易过程的业务数据。

至此，整个埋点的产品侧设计工作就算完成了，接下来刘宇便拉上开发与项目经理召开了需求评审会，开始进入数据埋点的开发过程。

在建设完数据采集体系后，整个数据分析平台的底层数据处理流程也升级到了 2.0 版本，如图 8-2 所示。

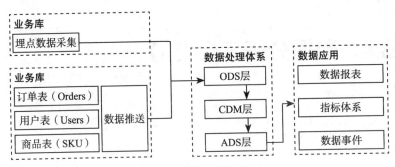

图 8-2　数据处理体系 2.0

本章案例数据分析体系建设的总结如下。

在本章中，对于 L 公司的数据分析体系，刘宇完成了如表 8-4 所示的工作任务。

表 8-4　L 公司数据分析体系建设进度日志

任务	完成项
13	数据采集定义
14	数据埋点体系设计
15	数据需求文档撰写
16	数据分析平台——底层数据处理流程 V2.0
总结	数据分析体系建设完成进度：51%

第 9 章 · CHAPTER9

拓展：数据分析平台 2.0

本章将通过一连串的案例来解释在什么场景下需要针对数据分析平台进行升级与改造，以及什么场景需要数据中台的介入。

9.1 案例 15：L 公司数据分析平台 2.0

在数据分析平台 1.0 上线后不久，领导看到了数据分析平台带来的价值，某天就把刘宇叫到了办公室，问他能不能将数据分析平台的监控范围拓展到公司的实体门店管理系统。

此时的刘宇面对的是已经搭建完毕且从底层采集到上层应用都闭环了的数据分析平台，他只能硬着头皮询问领导，突然出现的线下实体门店是个什么情况？

原来在 L 公司的业务共分为两个体系，如图 9-1 所示。

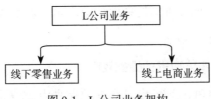

图 9-1 L 公司业务架构

一个体系是公司的核心现金流业务——主营零食的线下零售门店，另一个体系是今年才刚刚起步的线上零食电商业务。

因为线下零售门店是公司的核心业务，所以对其进行任何改动都必须慎之又慎，因此在领导看到数据分析平台的线上业务效果后，才敢去想将线下业务接入数据分析平台中。

领导对线下业务的数据提出了如下两个要求：

▶ 能看到线下业务的汇总数据。

▶ 能反映线下业务的运营现状与问题。

说完，领导拍了拍刘宇的肩膀，说了一句：加油，好好干！便将他送出了办公室。

刘宇默默地将领导提出的要求做了一个翻译：

1）将线下业务接入数据报表。

2）为线下业务搭建一套指标体系（需要考虑与原指标体系兼容）。

思及领导的这两个要求，刘宇情不自禁地想到了一个概念——数据中台。于是数据分析平台 2.0 版本的需求目标便清晰了，即为 L 公司打造一个最简单的数据中台。

9.2 案例 16：L 公司线下零售业务数据模型

要想打造联通多个系统的数据中台，首先要知道各个业务的数据模型是怎样的。因此，刘宇便采取了同之前一样的流程，到线下的零食商店，开始了业务调研。

调研成果 1：实体商家的数据建模

经过几天的调研，刘宇发现线下的商户由于都是门店制，因此交易只能发生在顾客到达门店这一场景中，据此刘宇完成了实体商家的数据建模，得到了实体商家交易漏斗模型。

> 在零售行业的运营体系中，实体商家交易漏斗模型包含客量、业绩和利润三大指标，如图9-2所示。
>
> （定义9-1：实体商家交易漏斗模型）

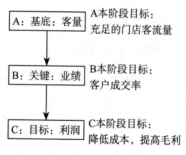

图9-2 实体商家交易漏斗模型

零售行业的运营其实就是对上述三大指标进行管理。

（1）客量

一家店铺是否有足够的到店消费客户，这是一切的前提，而在这里客量又细分为两个类型：

- 浏览客量：指那些来店只看不消费的人。
- 有效客量：指到店真正消费的人。

当然，并不是说没有消费的客户就是不重要的，相反，有了这些浏览客量才会让店铺显得有人气，才会有人愿意消费。

（2）业绩

业绩又称之为营业收入，指的是账面流水（包含成本）。

（3）利润

利润指的是去除成本后店铺的最终收入。

不夸张地说，能否盘活一家实体店，就看这三大指标运作是否流畅了。这三大指标在企业内部有如下递进联系：客量→业绩→利润。这其实也就是经营店铺应该遵循的规律。

刘宇在梳理出这样一套漏斗模型后，随即想到其实传统零售行业中普遍存在着一种错误的运营方式：一味地追求利润。

通常在线下店铺运营中极易出现的现象就是企业管理者每日的工作就是检查账目，只关注利润是否增加，对团队的考核也就只有一个——是否带来了足够的利润。

而这样片面地追求高利润，将直接导致这个店铺出现两种情况：要么过度开发客户，伤害了客户导致不再有回头客；要么伤害了团队导致团队不稳定，团队人员接受不了这么大的压力而纷纷离职。

因此实体漏斗模型是一个健康商家必须重视的商业运作基本原型。

调研成果2：实体商家的指标体系

在定义完交易漏斗模型与一级指标后，刘宇开始将一级指标进行进一步拆分，用于梳理指标体系。

（1）客量

毋庸置疑，一家门店最基础的指标就是客量，这里的客量其实就是实体商家眼中的流量。客量的提升途径除了商家要在线下做好服务外，另一方面就需要监控如图9-3所示的三个环节的指标。

图 9-3 客量提升三大环节

- 拓客：顾名思义，就是拓展顾客，这里的顾客包含潜在顾客与实际到店消费的顾客。通俗来讲，就是要让更多人知道这家店铺，让销售信息触达目标用户群体，所以对应指标就是触达率。

- 锁客：在触达顾客并引导顾客消费一次后，如何将顾客变成回头客，让其能继续在这里消费就是锁客，这也是增加收入的不二法门。而商家最常用也是最有效的手段就是发会员卡，因此这里对应的指标是会员数（开卡数）。

- 客带客：为了降低推广成本，我们要做的就是让消费过的顾客来帮助我们进行口碑宣传，这也就是客带客。让顾客帮助我们引流，从而与上面两个环节形成循环。这里需要监测的是客户来源中属于他人推荐的人数占比，这里的指标可以自定义为"推荐来源占比"。（旁白：这就是自定义指标的场景）

（2）业绩

业绩这个环节可以分为两个类型的收益，即有效业绩与无效业绩。

- 有效业绩：就是指在有效客量下所支撑的业绩，保证提供的是合理、健康的现金流。

- 无效业绩：是指这一部分收入是通过过度开发客户而来的。举例来说，顾客到店原本只想购买某类零食，但是由于店员的推销，顾客购买了一堆价格贵且口味又差的零食，虽然客户这一次消费产生的利润很高，但实际上这样做是在透支商户自己的未来，因此这部分收益被称之为无效业绩。

这里是对业绩提出了质量上的要求，而非一味地追求数量，这也是一个理性的商家必须要做的,要能控制并识别真正的有效业绩,这样才能保证商家不会过度开发客户,保证持久健康的收益业绩。

所以在这里刘宇设置的监测指标是会员用户的复购率,如果用户发生了二次购买,则意味着对上次的交易行为满意,上次的交易业绩则可以粗略地计算为有效业绩。

(3)利润

既然门店已经控制了自己的业绩规模,而不是一味地追求高数量,那么门店的利润又如何保证呢?其实正确的利润提升诉求应该是通过品项设计来解决,即向不同的客户群出售不同的服务来获取最大利润。

所谓品项设计,就是指一个企业所提供的产品应该有不同的目标赋予。比如,获客(低端,低利润)、带来现金流和获得业绩(高单价)等。

对比来讲,一家实体店提供的商品或服务最少应该分为如表9-1所示的两种类型。

表 9-1 实体店品类运营

序号	项目类别	目标	定价原则	客户群体
1	基础项目	走量获客	贴近成本	价格敏感人群
2	高净值项目	获得高毛利	设置高毛利空间	价格低敏感人群

所以正确的利润最大化方式,应该是通过大量的基础项目获客,积累人气,从而提升知名度,进而打入高端人群视野,同时进一步制作高净值项目面向高端人群并获利。所以这里的监测指标是不同项目的营收与占比情况。

至此,刘宇得到了L公司线下零售业务的完整指标体系,如表9-2所示。

表 9-2　线下零售业务的完整指标体系

一级指标	二级指标	三级指标	监测内容
客量	触达率	（1）进店人数	店铺拓客能力
	会员数	（1）消费人数；（2）开卡人数	店铺锁客能力
	推荐来源占比	（1）新客人数；（2）新客推荐人数	店铺口碑情况
业绩	会员用户复购率	（1）会员交易笔数； （2）会员复购人数	店铺有效业绩情况
利润	不同项目的营收	（1）基础项目订单； （2）高净值项目订单	店铺收益构成情况
	不同项目的营收占比	（1）基础项目交易额； （2）高净值项目交易额	

在定义完线下零售业务的指标体系，以为直接将新的指标加入报表就完成了工作时，刘宇却发现在两个业务中存在一些相同的指标，但是底层的计算逻辑又不相同。比如，两个业务中都存在会员数这一指标，但是在这两个系统中对于会员的定义是不同的，具体如下。

▶ 电商业务线会员：指注册商城用户。

▶ 线下零售业务线会员：指会员卡充值用户。

这时，如果想要直接以原来统计的口径进行线下会员的会员数统计，肯定是不准确的，那需要怎么处理呢？

9.3　案例 17：L 公司最小数据中台的建设

要解决上一案例的问题，实际上就需要进入数据中台建设的核心范畴了。大家千万不要对数据中台这一新概念产生畏惧心理，其实在实际工作中数据中台只需要进行最小的可用性建设，建设的内容包括如下两部分。

▶ 数据统计的统一化：数据指标的统计口径相同，如会员数计数逻辑需要统一。

▶ 指标体系的统一化：将相同概念指标合并，如将两个业务线会员合并为 L 公司统一会员总数。

问题 1 的解决方案：数据统计的统一化管理

此处需要将两侧业务进行对齐，刘宇找到零售业务的负责人商议能否将线下会员的定义拆分为如下两部分：

线下会员 = 注册会员 + 会员充值 → 线下会员 = 注册会员

也就是将会员充值分离出去，只要用户一注册就被定义为会员，保持和线上行为同步，从而实现统计的是同一类型数据。

问题 2 的解决方案：指标体系的统一化

前面刘宇只解决了现有的某个指标的管理冲突，那么有没有办法将指标体系看作一个有机整体统一管理起来呢？刘宇以阿里的 OneData 指标管理体系为蓝本，设计了一套自己的多平台指标管理体系，如图 9-4 所示。

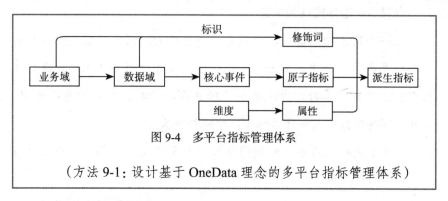

图 9-4　多平台指标管理体系

（方法 9-1：设计基于 OneData 理念的多平台指标管理体系）

步骤 1：业务域定义

业务域是以业务作为集合的，它是指将完整的业务行为拆分为一个个不可拆解的环节。在 L 公司中，业务域可以划分为两个部分，如表 9-3 所示。

表 9-3 L 公司业务域

序号	业务域
1	线下零售业务
2	线上电商业务

步骤 2：数据域的定义

数据域是指将业务的各环节归类成数据对象，这里重点是找到数据对象的事件与维度，以方便进行数据归类，如表 9-4 所示。

表 9-4 数据域分析

数据域	环节核心事件
商品域	商品选择
支付域	支付方式、支付金额、支付状态
订单域	下单、订单支付、订单履约

在梳理出核心事件后，就可以增加常见的维度进而分析演化出指标了，如时间维度、人口属性维度、行为事件维度、客户价值维度等。

步骤 3：指标属性的构建

上一步得出的指标其实存在着一个非常大的问题，那就是容易出现各个业务直接重复。例如，A 事业线定义了 7 日下单数，B 事业线也定义了 7 日下单数，为了解决不同业务之间数据指标的重叠情况，此处刘宇将指标定义细化为如下三个属性定义。

- 原子指标：将不可分割的业务行为事件定义为指标，在 L 公司中指订单数等。
- 度量维度：是该原子指标的衡量维度，在这里刘宇找到两个最常见的度量维度——周期和场景。
- 派生指标：由原子指标、修饰词、度量维度这三部分组成的多维度定义指标。

说明：在工作中还存在一种由多个原子指标组合计算出的指标，如人均订单数，是由订单数和用户数这两个原子指标相除得到的，这类指标通常称为复合指标。

在数据中台接入后，全公司通过定义一个唯一的原子指标统一整个公司内部衡量某业务行为事件的方法，如大家都用留存率来衡量用户等。

而在解决不同业务线之间的差异时，可以使用不同的度量维度进行描述，如用户留存率，可以通过如图9-5所示的思考逻辑得到完整的派生指标：线上电商业务、近7日、安卓平台、A渠道引流和留存率等。

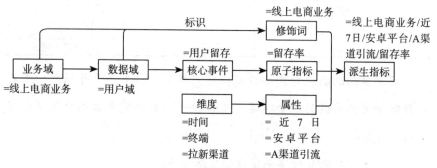

图9-5 派生指标生成过程

有了这样的体系后，后续再创建指标时就能快速完成唯一指标的确定了。

根据这套体系，在定义度量维度后刘宇梳理出了订单数据域派生指标，如表9-5所示。

通过搭建这套数据中台指标体系，刘宇成功地在多个业务线之间梳理出了一套指标规范，从而使两侧业务方的指标口径定义得以统一，这样，领导就可以在完整的数据报表中看到整个公司的业务规模了。

表 9-5 订单数据域指标

数据域	环节核心事件	原子指标	周期	场景	派生指标
订单域	下单	下单数	一天内/一周内	线上/线下	日下单数
					周下单数
					线上下单数
					线下下单数
					日线上下单数
					日线下下单数
	订单支付	订单支付数			日订单支付数
					周订单支付数
					线上订单支付数
					线下订单支付数
					日线上订单支付数
					日线下订单支付数
	订单履约	订单完成数			日订单完成数
					周订单完成数
					线上订单完成数
					线下订单完成数
					日线上订单完成数
					日线下订单完成数

至此我们的数据分析平台就搭建完毕了，从下一章开始我们来看看数据分析体系的另一个重要组成部分——如何使用数据分析平台完成数据分析。

本章案例数据分析体系建设的总结如下。

1）在本章中，对于L公司的数据分析体系，刘宇完成了如表9-6所示的工作任务。

表 9-6 L公司数据分析体系建设进度日志

任务	完成项
17	数据分析平台2.0需求设计
18	L公司线下零售业务数据模型
19	L公司数据中台建设
总结	数据分析体系建设完成进度：61%（里程碑★）

2）数据分析平台演进V1.2，数据源的完整定义如图9-6所示。

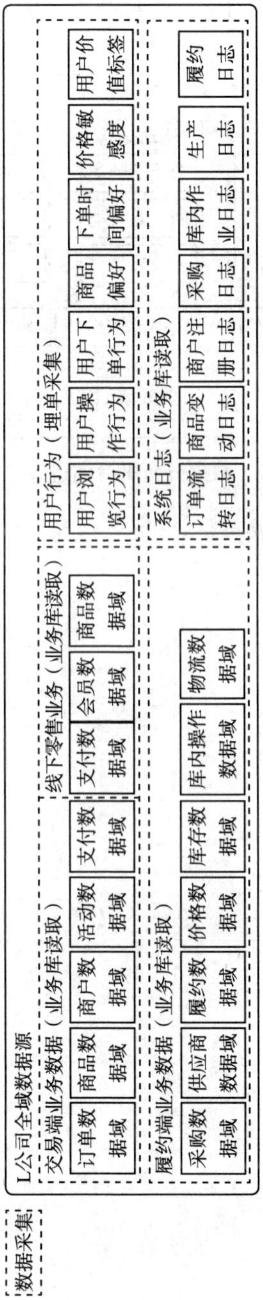

图 9-6　数据分析平台演进 V1.2

3）数据分析平台演进 V1.3，指标体系 V2.0 如图 9-7 所示。

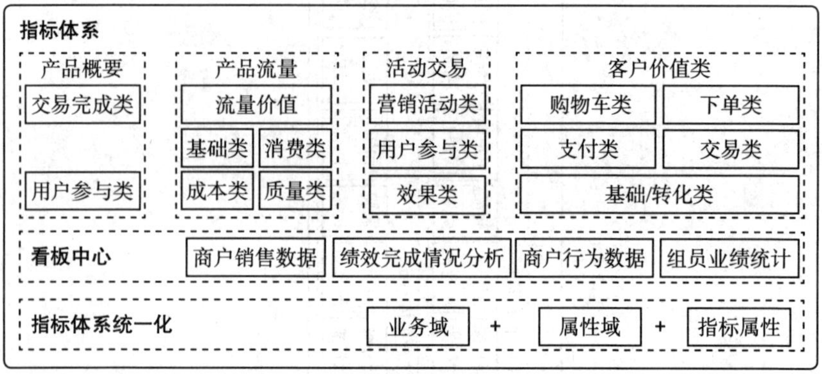

指标体系							
产品概要		产品流量		活动交易		客户价值类	
交易完成类		流量价值		营销活动类		购物车类	下单类
		基础类	消费类	用户参与类		支付类	交易类
用户参与类		成本类	质量类	效果类		基础/转化类	
看板中心	商户销售数据		绩效完成情况分析		商户行为数据		组员业绩统计
指标体系统一化		业务域		+	属性域	+	指标属性

图 9-7　数据分析平台演进 V1.3

应 / 用 / 篇

数据分析体系驱动业务决策

在前面的篇章中，我们花费了大量的精力建立这套数据分析平台，其本质是为了帮助业务人员对产品用户进行全生命周期的管理，从而实现用户价值的最大化。

而通过学习数据分析体系的概念，我们也知道光有数据分析平台是不够的，还要知道如何使用，这两者共同作用后才被称为数据分析体系。

因此从这一篇开始，我们学习如何使用数据分析平台来驱动业务决策。

CHAPTER10・第 10 章

数据驱动业务决策框架

甲骨文创始人拉里·埃里森（Larry Ellison）认为："企业运营的本质就是根据业务现状定义下一步最适合的发展方向，这其中的关键在于如何用数据描述现状，量化问题。"

10.1 什么是数据驱动业务决策框架

第 1 章曾为大家论述过一个产品要想获得成功，必须遵守一套闭环产品体系设计模型，如图 10-1 所示。这个设计模型中最不可或缺的部分便是数据驱动业务决策框架。

所谓的数据驱动业务决策框架，就是如何用适当的分析方法及工具根据当前的数据，识别产品的问题并提取有价值的信息，进而形成有效的结论和解决方案，针对业务的短板进行提升。

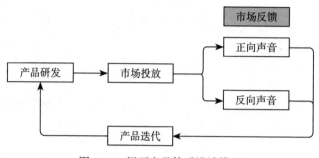

图 10-1　闭环产品体系设计模型

然而在实际工作中，我们会发现大部分新人都只是盲目地使用各种第三方数据平台进行日活数据的查看，导致最终的结论也全靠"拍脑袋"完成。

具体来说，新人常见的问题可以归为如下两类：

- 面对满屏幕的数据指标项手足无措，无法找到关键指标。
- 进行数据定位后却不知从何种角度给出业务优化策略。

那么到底怎样才能解决这些问题，并学会用数据分析去提取有价值的信息，进而形成有效的结论和解决方案呢？

这里我们就可以通过以下这套数据驱动业务决策框架来解决。通过概念我们可以看到：

> 数据驱动业务决策框架就是根据当前的数据识别发现产品问题，并予以解决，或者发现业务短板予以提升，具体包括如下两部分。
>
> - 日常运营：通过数据分析定位产品问题，保证平稳运行。
> - 黑客增长：通过数据分析发现业务短板，实现业绩增长。
>
> （定义 10-1：数据驱动业务决策框架）

数据驱动业务决策框架示意图如图 10-2 所示。

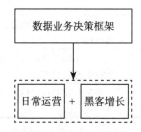

图 10-2　数据驱动业务决策框架

如果用作战来比喻上面两部分决策的话，日常运营类似于守城，而黑客增长则是帮助我们攻城略地的进攻手段，也就是这个框架完全涵盖了攻守两个维度的内容，接下来我们就来学习这个框架。

10.2　数据驱动业务决策框架的组成

第 4 章曾提出数据分析体系在企业运营中最终要达到的使用目标，即帮助我们完成业务监测、识别、诊断、检验和预测这五个步骤。

故此，在有了基础的数据分析平台后，应用篇将会依次为大家整理出实现这些使用目标所需要用到的数据分析模型，然后通过这些模型组成我们日常工作中所使用的完整决策框架。

1. 描述（Description）类数据分析模型集

下面先来总结一下前面几章已经介绍过的数据分析方法，这些方法实际上有一个共同的名称——描述类数据分析，即通过这些数据可以帮助我们用定量描述的手段准确定位现有产品的现状与问题大小，完整的方法集如表 10-1 所示。

表 10-1 描述类数据分析模型集

序号	模型	定义描述
1	数据看板	聚合业务多类别数据，方便高层实体查看业务运行情况
2	趋势比对法（同比/环比）	通过不同的数据对比帮助业务运营者发现业务运行中的数据问题
3	指标分析模型	解决具体看板内的需求问题，并针对部分原因性问题定位

（定义 10-2：描述类数据分析模型集）

例如，当我们在数据看板中看到 GMV 指标连续一周都在下降，且下降比例达到 5% 时，这无疑反映出产品近期出现了严重问题并导致业务下滑，且 5% 的下降比例说明已是严重下滑。

2. 成因（Cause）类数据分析模型集

上一模型集说明了具体业务现状与问题，接下来这一模型集就是专门用来拆解整个现状背后的原因的，它会帮助我们找到需要进一步优化的部分，这也是任意一家公司日常运营工作的主要内容，本环节模型集如表 10-2 所示。

表 10-2 成因类数据分析模型集

序号	模型	定义描述
1	用户标签模型	宏观维度模型，用于确定用户的消费画像，分析用户行为背后的原因
2	留存曲线模型	宏观维度模型，针对定义周期内产品留存情况进行分析
3	用户召回模型	宏观维度模型，用于对流失用户进行召回，从而降低用户流失率
4	转化漏斗模型	微观维度模型，用于交易链路等核心步骤
5	杜邦分析模型	微观维度模型，高度概要类指标（如 GMV）变化时，针对具体原因细致分析

（定义 10-3：成因类数据分析模型集）

3. 增长（Growth）类数据分析模型集

在保证产品能正常运营的前提下，就需要考虑如何实现业务增长了，进而快速推动产品走向商业化，本环节模型集如表 10-3 所示。

表 10-3 增长类数据分析模型集

序号	模型	定义描述
1	用户分层模型	对用户进行分层，产品步入成熟期拥有大量用户，其中包含多类特征鲜明的用户群
2	RFM 分析模型	用于分析用户的购买行为，确定对公司价值最高的用户，从而进行精细化运营
3	渠道价值分析模型	用于分析流量渠道，寻找 ROI 最大价值渠道
4	归因分析模型	微观维度模型，用于拆解问题背后的因素
5	AARRR 增长模型	以增长视角来驱动产品各环节的迭代升级
6	NPS 推荐值模型	判断产品在用户群体中的认知与价值
7	A/B Test 分析模型	对关键环节的产品方案进行比对，确定效果最优方案

（定义 10-4：增长类数据分析模型集）

至此，我们就勾勒出了数据驱动业务决策框架的完整结构，如图 10-3 所示。

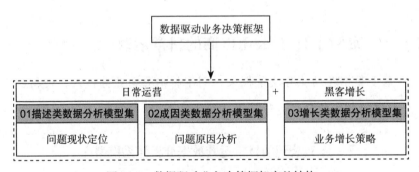

图 10-3 数据驱动业务决策框架完整结构

从下一章开始就让我们逐一对数据驱动业务决策框架中的模型进行解读。

第 11 章 · CHAPTER11

日常运营的十八般武艺

提起产品运营,相信读者再熟悉不过了,这是一家公司保证产品正常运转的重要日常工作,在本章中,我们将通过刘宇所在 L 公司的电商案例,看看在数据的驱动下如何完成一家公司的日常运营。

11.1 案例 18:L 公司电商的日常运营

基于数据驱动业务决策框架,刘宇将本公司业务代入,便得到了 L 公司电商业务的日常运营数据分析体系。

> **L 公司的日常运营数据分析体系模型库**
>
> 梳理人:刘宇
>
> 版本:V1.0
>
> Part1:描述类数据分析如表 11-1 所示。

表 11-1 L 公司描述类数据模型

序号	方法论	L 公司业务分析内容
1	数据看板	反馈总交易额，复购情况
2	核心指标	活跃用户量、转化、留存、复购、GMV

Part2：成因类数据分析如表 11-2 所示。

表 11-2 L 公司成因类数据模型

序号	方法论	L 公司业务分析内容
1	杜邦分析	商品运营
2	留存曲线	用户运营
3	用户召回	
4	转化漏斗	产品运营

11.2 商品运营数据模型

商品运营到底是运营什么呢？用一句话简单概括，就是进行品类管理，也就是将商城中的商品尽可能多地选为市场畅销的商品，提高商城的整体交易量，从而获得最大的收益。

众所周知，一家电商网站中至少会有数千个单品，但是这些单品的销售情况有高有低。在一般的电商企业中，商品的销量大都遵循二八定律分布，也就是 20% 的商品为畅销商品，它们的销量至少能占电商平台的 80%。而剩下的商品虽然品类繁多，占据整个电商 SKU 的 80%，但是销量却只占电商平台的 20%，因此后者也被称为长尾商品。

电商网站中商品品类众多，且销量不同，要想提高商城的盈利，就需要通过商品数据分析来指导商品在以下两个维度上的运营管理：

▶ 选品分析。

▶ 品类管理。

通过运营管理，可优化库存结构，让畅销的商品不会缺货，让长尾商品不会积压库存，以此降低库存成本，提高销量。

下面来看看刘宇在这里是怎么做的。

11.2.1 案例19：L公司的商品运营

根据以往的经验，刘宇第一步要做的就是梳理整个商城中的商品概况，得到如表11-3所示的数据。

表 11-3 商城商品概况

	指标	详情数据
商品概况	产品大类	14
	品牌数	1 100
	SPU 数量	1 800
	SKU 数量	4 200
	在架 SPU 数量	1 300
	在架 SKU 数量	3 000

1. 运营1：选品分析

因为电商平台的仓库有限，为了尽可能地提高商品库存的周转率，可以选择如下三种选品方式：

- 爆款模式：选择一到两个销量高的产品进行大量备货，这里的爆款指的是某些能为整个电商平台带来巨大交易量的商品，如在手机领域中，每当iPhone稍有价格降低，就成为销售潜力巨大的爆款。
- 以销定采：通俗来说就是饥饿营销，先确定用户的订单量再去生产，从而实现零库存运作。
- 以采定销：根据自己囤积的库存进行售卖，卖完若来不及补货就会出现售罄的情况，但这种情况是本模式中最不愿意看到的，因为此时由于无法履约，会导致大量订单流失。

这里运营人员选择了爆款模式作为初创电商 L 公司的选品策略，以此减少库存成本的压力。以下是爆款模式的分析过程。

步骤 1：商品数据分析主要指标

确定完平台选品的主要逻辑后，接下来就需要确定应该参照哪些数据进行选品，对此刘宇给出了商品分析的主要数据指标，如下。

（1）GMV = 商品 SKU 数量 × 动销率 × 单品贡献额

通常，在电商中，GMV 反映的是整个商城的商品销售总货值，在此处刘宇重新定义了 GMV 指标，将其拆分为如下两个部分去分析：

- 动销率：指的是销售的商品品种数与商城中经营的商品总品种数的比例，该比例越高，说明商城内积压库存的商品越少，代表商城越健康，商品运营的目的就是要提高动销率。
- 单品贡献额：指一个商品能卖出多少钱。对于贡献额特别大的商品，有一个专有名词来称呼，那就是爆款。

从这里也可以看出，之所以各个电商都喜欢去做爆款，就是因为爆款动销率高且单品贡献率高。

（2）售罄率 = 销售数 / 进货数

该指标反映的是商品上架后一段时间内，销售数量占进货数量的百分比，是用来衡量商品是否畅销的重要指标。通常售罄率越高代表该类商品的销售情况越好，直接反映了用户对该商品的喜好程度越高，而售罄率越大，意味着单品的贡献额越大。

（3）存货周转率 = 销售（营业）成本 / 平均存货

该指标表示某一段时间内库存货物周转的次数，它是反映库存内商品走量快慢的一个指标，周转率越大表明销量情况越好，库存周转速度越快，对企业资金链要求越低。

（4）商品毛利 = 实际销售额 - 商品成本

商品毛利是衡量售卖该商品是否赚钱的重要指标。很多时候整个商城一天的交易额看似很高，但是最终毛利只有1%，这样的毛利就反映出商品其实是不赚钱的。

步骤2：爆款品类分析

环节1：品类分析。

要想挑选出爆品，接下来要做的就是去分析哪些品类受用户欢迎，对此，刘宇调出了本月商城内各品类的销量数据，如图11-1所示。

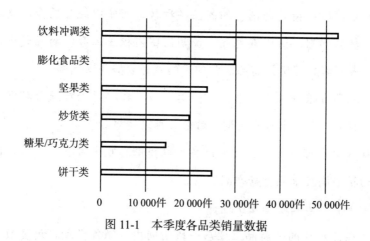

图11-1 本季度各品类销量数据

从上述的销量数据可以看到，在商城中饮料冲调类销售品类最受用户欢迎。

环节2：商品SPU分析。

确认了商品大类后，接下来就需要帮助运营同事在品类下寻找具体畅销的SPU，如在饮料冲调类分类下寻找哪个品牌的饮料是最畅销的,并定位到具体的商品上。

环节3:规格SKU分析。

最后一步是需要寻找在畅销商品下,具体哪个规格SKU需求最旺盛,从而定位到商品最小颗粒度。例如,通过上一步刘宇分析出,在饮料分类下可乐是最受欢迎的品牌,这时就需要确定可乐中具体哪一个规格是最受欢迎的,是可乐250ml还是可乐350ml软装。

2. 运营2:品类管理

选完了爆品,接下来需要做的就是根据商品的不同售卖属性,将商城中现有的商品划分为不同的类型,并定义其对应的作用。

步骤1:品类划分

观察市场中的电商平台可以发现,在一类电商平台中所售卖的品类不是特别多,它只专注于十来个品类,那么,这些电商平台是如何决定只专注于这几个品类的呢?

这里的决策核心就是根据当前电商平台的用户偏好进行品类定义,反映到数据上来说就是商品的销量。因此刘宇根据品类销售的占比和增长速率把本公司内的品类划分为如图11-2所示的四类。

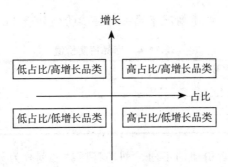

图11-2 L公司电商品类划分

有了这样的分类之后，运营同事就可以对不同的品类制定对应的策略了。

- 高占比/高增长品类：本品类属于当前商城中大受欢迎的品类，需要增加该品类下的对应商品，以此提高整个商城的销量。
- 低占比/高增长品类：本品类在当前商城用户中的关注度处于逐渐上升态势，有成为下一个增长点的潜质，应该重点关注该品类下的具体商品，运用上面提到的爆款商品挑选方法，培养该品类下的商品成为爆款。
- 高占比/低增长品类：本品类之前属于商城大受欢迎的品类，现在由于市场因素变化，导致该品类不再受用户关注，所以应及时调整该品类下的滞销商品，减少该品类商品的库存。
- 低占比/低增长品类：本品类在当前商城的用户中属于不受欢迎的，因此需要逐次删除该类滞销商品，引入新品，并重新观察该品类销售是否增长，直至最后彻底放弃该品类。

步骤2：商品划分

完成了品类的划分之后，下一步就要进入品类内部进行商品划分了。也就是对商品的进货、销售、库存三种行为进行分析，从而得出商品的售卖价值。通常情况下商品的售卖价值如表11-4所示。

表11-4 商品售卖价值

序号	类型
1	商品销量
2	购买频率
3	商品定位

根据商品售卖价值的不同，刘宇将商品也划分为如下三种类型。

- 导流型SKU：销售利润非常低，但是购买量大、市场需求大，通常用于吸引用户进入商城消费，如 1 元 / 瓶的鲜榨果汁。
- 高利润型 SKU：销售利润高，该商品的销量是平台毛利的重要支撑点，因此希望用户更多购买此类商品。
- 稳定型 SKU：销售利润平均，商品销量非常稳定，这类商品是电商平台交易规模的支撑点，能为电商带来很大的复购率。

在商品运营中，除了要进行日常商品选品外，更多时候我们需要关注商品的销售情况。此时就需要我们能快速完成商品销售数据的分析，接下来就为大家介绍一个日常销售分析中常用到的销售分析模型。

11.2.2 杜邦分析模型

让我们回想一下在日常数据分析工作中经常会遇到的一类工作：当业务数据突然出现异动的时候，需要及时分析并定位异常原因。

那么我们要如何从繁杂的业务中梳理出问题原因呢？这里就要用到一个数据模型——杜邦分析模型。

> 杜邦分析模型，是指针对某个指标通过梳理对应的影响因素点，将指标逐层展开，从而将一个指标拆解为由多个因素组成的单位。
>
> （定义 11-1：杜邦分析模型）

也就是说，当某项业务数据出现波动时，如新增用户数下降，此时我们需要将新增用户数这个指标拆解为由多个因素组成的体系，分析究竟是什么因素导致的数据波动。

以商品收藏数指标为例，我们可以看到运用杜邦分析模型进行拆分后，可以得到如图 11-3 所示的结果。

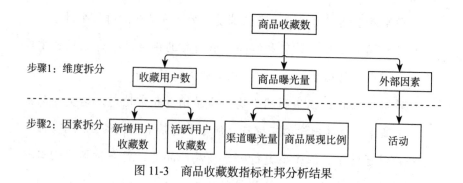

图 11-3 商品收藏数指标杜邦分析结果

具体还是让我们来看一个刘宇所经历的实战案例,体会一下杜邦分析模型的使用方法。

11.2.3 案例 20:L 公司杜邦分析实战

在有了数据分析平台以后,企业管理者要求全公司的运营人员必须每天关注自己所负责业务的数据变化情况。

随着对这些指标关注的增强,慢慢地大家也发现了一些问题,虽然有了数据报表、指标体系这些工具,但是在面对一些特殊场景的时候,由于指标体系没有覆盖到,所以还是没有办法定位指标增长或减少的背后原因到底是什么。

例如,昨日零食宝商城糖果类销售金额突然增长 10%,这背后的原因是什么?因为在指标体系中并没有专门为具体品类的销售金额构建一套关联的子指标,所以没有办法直接找到这个问题的答案。

其实这是再正常不过的现象了,任何一个指标体系的范围都是有限的,不可能涵盖公司内的所有业务点,所以前面刘宇提到指标体系需要不断迭代,但是这个时候要怎么解决现在的问题呢?此时要做的就是运用杜邦分析模型在平台中自主取数进行分析。

为此,产品经理刘宇开始对这次数据增长进行了如下分析。

(1)按照业务划分可能影响该指标的不同场景

通过询问前天商城有无重大事件,梳理出此处影响该品类销售金额的可能场景有:拉新渠道变化,以及商城新上线的搜索对用户的影响等。

(2)对不同场景下 GMV 影响因素进行拆分

场景1:渠道场景

以不同渠道带来的用户维度来看品类销售金额,可以拆解为:

品类销售金额 = 渠道 a 用户 × 该品类下单转化率 × 客单价 +
渠道 b 用户 × 该品类下单转化率 × 客单价 + ⋯

场景2:搜索场景

以在商城搜索准确性维度来看 GMV,可以拆解为:

GMV = 搜索该品类结果页 UV × 结果页加购率 × 订单转化率 × 客单价

至此,就将销售金额指标背后的若干影响因素全部找出来了,接下来就需要确定具体问题的原因。

要分析问题并找到原因,除了可以按照上面罗列的方法细分每一个指标、挨个确认以外,还可以用一个更高效的三步问题指标定位法,来帮助大家快速确定问题指标。

1)查看业务的关键指标。

▶ 用户类指标:流量(UV)、转化率(CR)、客单价。

▶ 业务类指标:总交易金额、订单。

2)确定有无特殊事件。

▶ 产品上新:发布新版本、上线新活动、上架新产品。

▶ 线上问题:程序 Bug、网络故障。

3)查看市场因素有无变化。

- 竞品出了什么新动作。
- 市场大盘波动。

通过这样的定位法，可以帮助业务人员快速地定位导致数据波动的那些情况，从而提升寻找数据原因的效率。

11.3 用户运营数据模型

讲完了商品运营，下一步我们就来看看用户运营的内容。总结一个产品中用户运营的每日工作，其实可以理解为就是在解决以下三个事件。

- 用户流失：每日平台中有多少用户流失？这是我们每日的用户损耗。
- 用户召回：平台流失的用户是否可以通过召回进行挽救，从而减少用户的损耗。
- 用户留存：每日平台新增的用户中有多少留存下来了，这是我们用户的增长。

通过这三个事件，我们可以看到产品的用户运营本质就是如何降低用户损耗，并且增加用户的黏性。下面让我们对这三个事件逐一进行拆解。

11.3.1 用户流失

对于一个产品来说，我们肯定希望不断有新的用户进入到产品中来，并且希望产品中原有的用户能不断地在产品中为公司创造利润，然而事实上这只是美好的设想。

因为对于一个产品，每天都有新用户注册并开始使用该产品，也有很多老用户因为种种原因不再使用此产品。于是我们对流失用户定义为：

> 指定时间周期内历史用户不再登录本应用，这部分历史用户称为流失用户。
>
> （定义 11-2：流失用户）

所以我们在这里要做的数据分析目标就是帮助产品减少用户的流失，当然也变相地帮助了产品用户规模的增长。

1. 流失周期

仔细观察用户流失的定义，我们可以发现这里面有一个关键因素就是时间周期（又称流失周期），也就是我们需要为自己的产品定义恰当的流失周期长度，如当用户登录超过这个时间周期时，我们能准确地将其视为用户流失。

怎么理解呢？我举些例子：

- 社交类应用，打开频次极高，因此流失判定周期就应该设置得短一些，如一个自然周。
- 工具类应用，如个税申报类 App，打开频次可能一个月也就一到两次，因此本类应用的流失判定周期就应该设置得长一些，如三个月。

试想，如果我们按照社交软件的流失判定周期来分析个税申报类 App 的流失率，那么此时流失率就变为 100%，这样的结果明显是不正确的。

原因就是对于不同类型的产品，由于用户需求频次不同，所以流失衡量的时间周期长度也各不相同。

所以我们必须要根据自己产品的需求频次来定义对应的流失判定周期。

2. 流失原因

用户流失的背后可以分为三大原因。

1）自然流失：由于用户对原需求停止而不再使用，这属于自然流失。

2）产品缺陷：初次体验不佳导致流失，如功能缺失/性能不稳定。

3）竞品迁移：用户发现行业中有更好的解决方案提供者，为此转向使用竞品。

因此，当我们分析用户流失的时候，最重要的是需要定义具体的原因是什么。

3. 流失判断

在了解流失的原因后，接下来我们就需要了解如何判断产品中的用户是否流失了。

让我们看看上面的定义，判断方式如下：

（当前日期 - 用户最后一次登录日期）＞ 流失判定周期

上述公式成立，则表示该用户已流失。

这个公式怎么用呢？我举个例子，如果我们定义的流失判定周期为 7 天，某用户最后一次登录是在两周前（1 月 1 日），而今天为 1 月 14 日，根据公式：14-1＞7，因此我们就可以判定该用户已经流失了。

除了判断老用户的流失，另一部分就是要判断每天新增用户的流失率是多少，从而知道每日的新用户有多少能真正沉淀到产品中，这里可以用以下公式来衡量新用户的流失率：

新用户的流失率 = 当天新用户的流失数 / 当天新增总注册用户数

（公式 11-1）

11.3.2 用户召回

通过上面的学习，我们已经知道了与用户流失相对应的一个概念是用户召回。当我们发现用户流失后，就需要及时启动用户召回来减少我们的用户流失数。

通常来说，当用户停止使用产品后，停止使用的时间越短，我们发起召回的效果越好。而反之如果停止使用的时间越长，召回的效果则不断下降。

因此，我们需要确定一个临界点，即一旦超过这个临界点，挽回该用户的可能性就几乎为 0，此时这个临界点也是我们召回周期设置的最长时间周期，如图 11-4 所示。

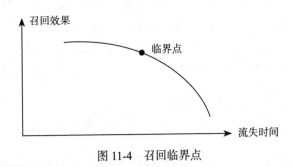

图 11-4　召回临界点

值得说的是，在我们制定召回策略时，并不是到达临界点的时候才开始召回用户，而是应该在用户停止使用 3 天或 7 天等这些关键时间点的时候就开始召回。

11.3.3 用户留存

我们都知道留存是衡量一款产品质量和用户黏性的重要指标，只有用户留存下来持续使用本产品，才意味着产品成功。

要分析留存，我们就需要先从产品层面理解，用户之所以会选择留存下来背后的原因是什么？这里为大家提供一个用户留存条件：

新产品带来的价值 ＞ （迁移成本 + 学习成本）

而衡量产品留存能力的大小，一般我们会使用留存率这一指标。

> 对于某段时间新增用户数，在单位时间内波动后，该群用户中继续使用本产品的用户数占原新增用户数的比例。
>
> （定义 11-3：留存率）

常用的留存率指标：新增用户留存、活跃用户留存、次日留存、周留存、月留存。

介绍完留存率这一概念后，还需要为大家再介绍一个留存中的进阶概念，也就是留存渐进线，如图 11-5 所示。

> 产品留存率最终维持在一个水平线上，这一水平线称为留存渐进线。
>
> （定义 11-4：留存渐进线）

可以说任何一个产品在发展过程中的唯一目标就是找到自己的留存渐进线，通常情况下，业务产品经理都是通过多次迭代，使产品在后期能形成一条留存率近乎直线的平稳曲线并维持在一定的比例上，称之为留存渐进线打平，如图 11-5 中的那几条渐近线所示。

而如果一个产品通过持续的外部引流，却发现引流用户越多，流失用户越多，留存率没有办法维持在一个比较稳定的百分比上，这就说明这个产品无法真正使用户留存下来，需要不断地朝内输血，也就代表这个产品是一个不健康的业务，无法实现长期自运营。

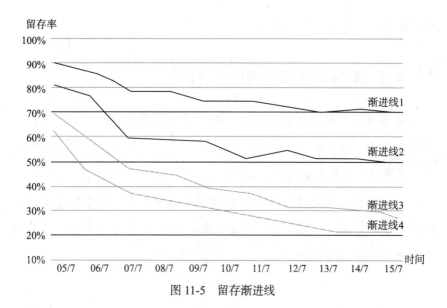

图 11-5　留存渐进线

举例来说，某产品的留存变化如下所示：

第 1 天：通过渠道引流 200 人，流失 100 人，留存率 40%。

第 2 天：通过渠道引流 400 人，流失 180 人，留存率 55%。

第 3 天：通过渠道引流 1 000 人，流失 400 人，留存率 60%。

……

第 N 天：稳定维持在 58%。

也就说明该产品的留存率逐渐打平并最后维持在 58%，且产品存在稳定的用户规模。

从这个模型中，我们也可以解读出一款成功产品的前提：只有用户愿意留存下来并且有一定规模，才说明这个产品符合市场的需求并可以存活。

此外，在实际工作中，我们还需要主动追求长期留存，也就是这些用户需要在相当长的一个生命周期存在于产品中，我们的留存渐进线能维持一个较长的时间范围。

11.3.4 案例21：L公司的用户运营

在完成了杜邦分析的示范后，刘宇开始关注商城的另一个重要日常运营工作：用户流失。

步骤1：定义流失用户

本步骤在于确定什么样的用户才算是流失用户，刘宇根据之前商城的历史平均购买间隔数据，定义出有如图11-6所示行为组合后的用户便可以称为流失用户。

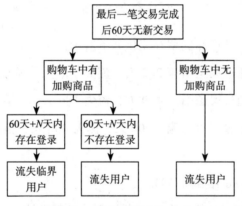

图11-6　流失用户定义

步骤2：流失用户特征定义

了解用户流失与孤零零地掌握这个数值并不是数据分析的根本目标，更重要的一步是需要利用数据分析体系为产品建立起用户流失数据预警体系，帮助运营人员获知即将要离开的用户，对其进行挽留策略的执行，从而解决根本问题：降低产品用户的流失率。

故此，刘宇找到几个流失用户的关键行为，特征如下：

1）用户在第一次访问商城后未产生注册行为（最终流失率67%）。

2）用户在注册后前5次登录后未发生加购/收藏/下单行为（最终流失率89%）。

这两个关键行为可以视作用户流失前的预警行为，用户一旦出现这些行为我们就需要进行运营干预，如执行发送优惠券等挽留策略。

步骤3：留存目标制定

下一步就是要制定留存目标了，在留存目标制定之前，刘宇首先为大家普及了一个重要概念——不是所有产品都需要追求高留存。

因为业务的属性不同，各个产品的留存率也不一样，通常情况下用户年ARPU越低，越需要高留存率；反之，则可以保持相对低的留存率。

例如像Facebook，用户本身产生的价值非常有限（用户年ARPU相对较低），Facebook只能通过广告或会员等非直接消费方式进行获利，所以整个平台必须要有相当高的用户留存才可以让这个业务持续下去。而像电商类产品，由于用户属于直接消费，且毛利固定，所以不需要很高的留存率，就可以覆盖整个产品的运营成本。

此外对过高留存率的追求，会导致我们花费巨额成本，而带来的收益却不如新获客带来的收益，所以要平衡这个度。

这里会用到的一个公式就是盈利公式：新增用户 × 留存率 × 订单转化率 − 成本 > 0，就代表盈利。

运用此公式，刘宇对L公司电商平台定义了35%的留存渐进线。

而为了达到这个目标，刘宇定制了两个解决方案。

方案1：细分运营，将平台内的用户以用户群属性划分成不同的群体，从而制定专门的运营方案，以此减少用户的流失（在下一章中，我们将重点讲述）。

方案2：用户召回，针对已经有流失取向的用户发起召回策略，从而促使用户的回流。

步骤4：用户召回目标群体

刘宇在此将上一步的流失用户概念再进行了细分：可召回用户与不可召回用户。

- 可召回用户：处于流失边界或刚流失不久的用户，此时召回难度低，成功率高。
- 不可召回用户：流失时间过长，此时用户一般已经卸载了 App 或者彻底不再使用产品，触达率非常低，因此召回率也不会太高。

所以在设计用户召回方案时，绝不可以直接筛选已流失用户来批量投放召回资源，因为此时召回成本会变得非常大，故此应该将资源重点放在流失边界的可召回用户维度，成功率会大很多。

步骤5：用户召回方案设计

用户召回方案实际上就是如何给予用户指定的刺激，激发起用户对应的需求。例如，在这里就是刺激用户再次回到零食宝商城中进行购物，对此刘宇设计了用户召回方案，如图11-7所示。

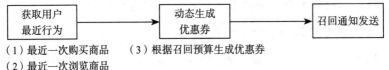

（1）最近一次购买商品　　（3）根据召回预算生成优惠券
（2）最近一次浏览商品

图11-7　用户召回流程

在用户召回中，常用的通知方法可以有如下4种形式：

1）召回邮件。

2）召回短信。

3）召回推送。

4）电话回访。

因为这几种方法各有对应的受众人群，故需要判断哪种方法才能触达平台上更多的流失用户。对此，刘宇选择了不同的用户群，用这四种方法进行了小范围的召回测试，最终选择了方法二与方法三作为通知形式，至此，整个用户召回方案设计完毕。

步骤 6：召回结果分析

在灰度上线了用户召回方案后，刘宇收集了某测试渠道内的整体留存结果的前后对比，如图 11-8 所示。

时间	初始用户 (首次打开应用) 人数		留存用户数/留存率					
			1天后	2天后	3天后	4天后	5天后	6天后	7天后
08-23	165								
08-22	163		44 27.0%						
08-21	161		33 20.5%	28 17.3%	0 0.0%				
08-20	164		40 24.4%	26 15.9%	13 7.9%	0 0.0%			
08-19	159		43 27.0%	32 20.1%	22 13.8%	8 5.0%	0 0.0%		
08-18	161		40 24.8%	38 23.6%	30 18.6%	17 10.1%	0 0.0%		
08-17	159	改版前	36 22.6%	19 11.9%	2 1.3%	0 0.0%			
08-16	158	改版后	42 26.6%	35 22.2%	42 26.6%	35 22.2%	35 22.2%	42 26.6%	31 19.6%
08-15	157		41 26.1%	30 19.1%	38 24.2%	32 20.4%	28 17.8%	38 24.2%	37 23.6%
08-14	157		40 25.8%	32 20.6%	28 18.1%	31 20.0%	33 21.6%	27 17.4%	37 23.6%
08-13	155		39 25.0%	37 23.7%	42 26.9%	43 27.6%	40 25.6%	36 23.1%	33 21.2%
08-12	156		42 27.1%	37 23.9%	37 23.9%	33 21.3%	27 17.4%	38 24.5%	32 20.6%
08-11	155		48 31.0%	36 23.2%	35 22.6%	36 23.2%	42 27.1%	38 24.5%	37 23.9%
08-10	155		32 21.1%	43 28.3%	43 28.3%	35 23.0%	39 25.7%	35 23.0%	35 23.0%

图 11-8 平台留存率数据

1）在平台启动召回机制前，通过数据能观察到该渠道用户在产品中的停留时间最长不超过 7 天，从 7 天后开始所有的用户都流失掉了，这个留存渐进线最终为 0，这是非常吓人的。

2）在平台启动召回机制后，整个平台的在 7 日后的留存率为 20% 以上，留存渐进线最终维持在 23%，产品从 100% 流失变为了开始有用户留存的状态。

11.4 产品运营数据模型

掌握了用户运营，最后我们再来学习产品运营的相关内容。所谓产品运营，就是检测产品内各事件的转化率，并对事件中低转化率环节进行优化，因此产品运营又可以称为事件运营。

11.4.1 什么是数据事件

在上面的案例19中，我们看到L公司其实已经在商品使用中发现问题了，他们只能看多个分散在不同报表的数据，但是总感觉有些问题没有描述清楚。

再举几个事件分析例子，我们经常听到以下这些对话，翻译成数据产品经理的语言是什么呢？

1）小王：订单量下降了，帮我看看原因是什么？

翻译：下单事件分析→购买路径的流程分析

2）小李：用户注册量下降了，帮我看看原因是什么？

翻译：注册事件分析→用户从下载到注册的流程分析

综上，我们就可以得到数据事件的完整定义。

> 数据事件是由一组特殊指标组成的用以追踪或记录用户行为或业务过程的监控体系。
>
> （定义11-5：数据事件）

建立事件监控是因为数据无法代表业务背景，它只能是单纯的信息传递，因此要想理解数据背后的价值，我们就需要将数据指标按事件进行组合。

举几个日常工作中常见的数据事件可以解决的问题：

1）是哪几类品类的销量下降了？

2）是老客户复购下降了，还是新客户变少了？

3）是哪些类型的客户销量下降了？

让我们继续回到之前的案例中，看看刘宇在 L 公司中是如何进行数据事件分析的。

11.4.2 案例22：L公司的产品运营

某天，公司内的运营同事小赵对刘宇提了这样的一个需求。

小赵："能不能给我们运营的每个品类增加一个可以看到自己类目订单的变化趋势，比如今天的订单比昨天少了10%？"

刘宇听完这样一个需求，在心中简单地分析了一下，想要看品类订单的变化量，这个需求很简单，但是运营同事是真正要看自己的订单吗？就算他看到了今天的订单比昨天少了10%，这有什么参考意义呢？因为同期可能整个商城的流量出现了波动，比如下降了20%。

所以在与小赵一番讨论后，最终定义出来运营同事实际上需要的是一个有参考的订单变化量，因为有参考才有价值，而这个参考就是同时间内整个公司订单的变化量，也称为大盘量。

因此，一个最简单的数据事件便构建出来了。

膨化食品类目订单变化趋势监控数据事件

版本：V1.0

Part1：由宏观至微观的数据层级描述

公司整体订单变化率→各品类订单变化率

Part2：数据结果辅助参考

表 11-5 给出了具体的数据事件定义。

表 11-5 数据事件定义

前提	大类1	说明	大类2	说明
大盘与目标品类订单变化率为同时增加	目标品类订单变化率/整体订单变化率>1	如果本品类订单增速大于整体大盘量，说明增速良好	目标品类订单变化率/整体订单变化率<1	如果本品类订单增速小于整体大盘量，说明增速出现问题
大盘与目标品类订单变化率为同时减少	目标品类订单变化率/整体订单变化率>1	如果本品类订单减少幅度大于整体大盘量，说明本品类存在问题	目标品类订单变化率/整体订单变化率<1	如果本品类订单减少幅度小于整体大盘量，说明本品类抗风险能力大于大盘
大盘与目标品类订单变化率一个为增加，一个为减少	目标品类订单变化率>整体订单变化率	如果本品类订单在整体大盘量下降时还能增长，说明本品类是平台核心产品	目标品类订单变化率<整体订单变化率	如果本品类订单在整体大盘量处于增长的情况下还在下降，说明本品类存在问题

11.4.3 通用事件定义

授人以鱼不如授人以渔，我们除了要了解现有的这些事件分析模型外，更重要的是还要懂得如何自定义一个数据分析事件。

我们总结一下上面案例中一个事件都是由哪些环节创造的，便可以得到一个通用事件的设计方法，其三个维度组成如图 11-9 所示。

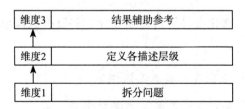

图 11-9 通用事件的设计方法

> 维度1：拆分问题——思考事件的组成层级。
>
> 维度2：定义各描述层级——使用不同的指标来描述不同层级的现状。
>
> 维度3：结果辅助参考——对结果进行划分，给予辅助参考。
>
> （方法11-1：通用事件设计方法）

定义完事件，接下来我们需要做的就是找到事件中具体出现问题的环节。

这里我们要使用的就是漏斗分析模型，它可以称得上是极其简单又实用的数据分析模型。

> 漏斗分析模型会通过监控一个用户任务从起点到终点各个环节中用户的数量以及转化情况，从而定位流失较大的环节，接下来寻找每个环节的可优化点。
>
> （定义11-6：漏斗分析模型）

下面我们以一个新案例来看看如何使用漏斗分析模型进行分析。

11.4.4 案例23：L公司漏斗分析实战

要想做漏斗分析，首先要定义需要分析的事件，在经过一番挑选后，刘宇选择了电商中最重要的一个用户事件：购物下单事件。

步骤1：事件流程节点定义

此时刘宇梳理了公司产品的完整购物流程，得到下单过程一共可以分为七步流程：

①商品浏览→②添加购物车→③点击结算→④核对订单信息→⑤收货信息填写→⑥提交订单→⑦选择支付方式→⑧支付完成

（由于从下单到用户履约成功，中间还可能出现售前退款与售后退款等逆向流程，为了方便我们理解漏斗模型，这里仅讨论正向下单的流程。）

步骤2：统计数据目标

通过之前分析平台中设置好的埋点，开始监控这七步中每个步骤的用户数（UV数）变化，并计算转化率、流失率与整体转化率。

$$转化率 = 本环节UV数 / 上一环节UV数 \times 100\%$$

（公式11-2）

$$流失率 = 本环节减少UV数 / 上一环节总UV数 \times 100\%$$

（公式11-3）

$$整体转化率 = 本环节UV数 / 初始UV数 \times 100\%$$

（公式11-4）

步骤3：数据分析

经过一周的监控后，刘宇得到了如表11-6所示的数据（数据已四舍五入）。

表11-6 各环节UV统计

序号	环节	访问用户数	转化率	流失率	整体转化率
1	商品浏览	1 000	100.0%	0.0%	100.0%
2	添加购物车	600	60.0%	40.0%	60.0%
3	点击结算	248	41.3%	58.7%	24.8%
4	核对订单信息	225	90.7%	9.3%	22.5%
5	收货信息填写	179	79.6%	20.4%	17.9%
6	提交订单	110	61.5%	38.5%	11.0%
7	选择支付方式	89	80.9%	19.1%	8.9%
8	支付完成	83	93.3%	6.7%	8.3%

注意：

1）转化率反映的是上一环节进入到本环节后用户数的转化率情况，如环节2的转换率计算公式：环节2用户数/环节1用户数，也就是600/1 000=60%。

2）整体转化率反映的是从第一个环节进入的总用户数到当前环节后用户数的转化率情况，如环节8的整体转化率计算公式：环节8用户数/环节1用户数，也就是83/1 000 = 8.3%。

将数据用图形化表示就得到了如图11-10所示的漏斗分析图。

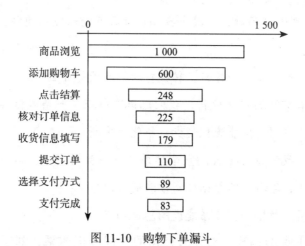

图 11-10 购物下单漏斗

步骤4：数据结论

根据这张表，刘宇得出了以下几个结论：

1）当前商城的订单成交（支付完成）整体转化率极低：8.3%。

也就是说，1 000名用户进入商城，在浏览完商品后，最终只有不到9个人下单完成了购物，转化率不足1%，这无疑是巨大的流量事故。

2）当前商城存在转化率在50%以下的"问题节点"。

可以看到在上述环节中,转化率最低的环节是环节 3,转化率只有 41.3%,低于转化率 50%,属于问题节点,反映了商城的用户很多,但都只是在加入购物车后并没有进行结算,这是商城下一步需要重点优化的环节。

步骤 5:建议优化方案

如何解决这个问题呢?刘宇写下了下面两个思考以供商城产品经理参考:

1)缩短交易完成步骤:无法精简(我们总不能不让用户确认订单信息直接付款,或者支付后不能退款)。

2)识别关键问题:a.思考各节点背后可能出现的问题;b.异常步骤,回想一下,正常来说,下单后用户都会支付,很少出现不支付的情况,这里有如此大的异常,转换背后的原因是什么?

根据本案例的漏斗分析,我们也再次印证了一条数据界早已公认的产品设计原则:功能流程越少,转化率更高。

至此,我们日常运营的整个体系与方法就讲完了,从下一章开始我们进入到业务增长的数据分析方法的学习中。

本章案例数据分析体系建设的总结如下。

经过本章的构建,对于 L 公司的数据分析体系,刘宇完成了如表 11-7 所示的工作任务。

表 11-7 L 公司数据分析体系建设进度日志

任务	完成项
20	L 公司日常运营模型梳理
21	L 公司商品维度数据驱动运营流程定义
22	L 公司用户维度数据驱动运营流程定义
23	L 公司产品维度数据驱动运营流程定义
总结	数据分析体系建设完成进度:74%

第 12 章

数据助力实现黑客增长

12.1 什么是黑客增长

前几章为大家讲解了在日常运营中要如何运用数据分析来指导我们进行产品运营。但是一家企业如果只能使得业务平稳,这对于实现商业化目标来说是远远不够的。因此,接下来就为大家介绍在业务日常运作过程中的另外一个重要的部分——如何实现业务增长。

首先要介绍的是一个新的知识体系:黑客增长(Growth Hacking)。让我们先来看一下它的定义。

> 黑客增长这一概念最早是由美国的 Sean Ellis 提出的,指的是一家公司团队在数据分析基础上,利用产品或技术手段来获取自发增长的运营手段。
>
> (定义 12-1:黑客增长)

通俗来说，就是在不耗费大规模市场投放资源（营销预算/流量位）的情况下，通过优化产品路径以及低成本营销的方式来获得用户增长。

12.2 黑客增长的实现

讲完了黑客增长的概念后，接下来我们具体来看看要怎样实现黑客增长，用什么方法使其快速落地。

12.2.1 黑客增长的核心 6 步

下面是黑客增长的执行方法，共分为 6 步。

1）确定增长目标（核心指标）：确定当前产品阶段的核心增长目标，通常是北极星指标的具体指标，如增长用户数、增长订单量等。

2）收集与分析数据：根据具体增长目标制定数据分析方案。

3）假设方案设计：定义能带来增长的尝试性方向是什么，如新增功能、新增活动等。

4）确定增长实验：将上一步提出的尝试性方案设计为功能，并组织实验进行市场投放，然后使用 A/B Test 进行功能验证。

5）分析实验效果：对多个尝试性方案的增长实验进行逐个测试，以此确定当前产品群体内效果最好的优化方案。

6）系统化全局推广：当确定最优方案后，正式投放至全公司业务中。

（方法 12-1：黑客增长核心 6 步）

可以说，任何一个黑客增长方案的背后都包含了这6步，因此我们也可以根据这6步制定适合自己产品业务的增长方案。

看到这里，可能有读者已经跃跃欲试，想要根据自己的产品制定黑客增长方案了。但是一定要注意，在开始制定方案之前，我们必须要判断当前产品是否已经到达可增长的阶段。

没错！不是处于任何阶段的产品都可以直接套用黑客增长方案，这也是部分读者刚接触这个模型时的一个严重误区，即不考虑黑客增长的前置条件。

而判断产品是否可以开始进行用户增长，要关注的唯一指标就是当前产品中现有用户的留存率是否足够高，且产品是否已经拥有了一条清晰的留存渐近线。

原因很简单，产品的留存率指标能帮助我们确定产品所提供的解决方案是否适合当前市场中的用户。

产品只有被市场验证后，引入新的用户才不会出现引入多少用户就流失多少用户的现象，此时才能完成产品增长的目标。

可见，制定黑客增长方案的前提条件是产品自身已经有了使用价值，而且能让用户留存下来。

让我们回到L公司，看一个运用黑客增长模型进行方案思考的简单案例。

12.2.2 案例24：L公司提升平台单日用户加购量

L公司产品月度会议定义了本月重点工作。

零食宝增长迭代目标：通过优化商城商品列表页展示，提升用户加购量。

要想实现用户加购量的提升,刘宇对目标的影响因素进行了拆解分析,首先来看一下影响单日内用户加购量的决策树,如图12-1所示。

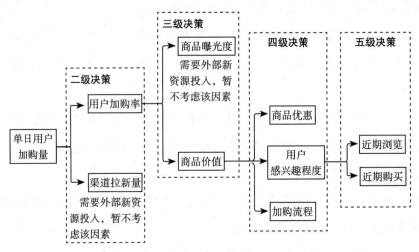

图12-1 决策树

为达到目标,可从如下三个方面寻找措施:

1)增加用户关注/浏览过的商品的曝光率。

2)增加优惠商品的曝光率。

3)缩短用户加购任务的流程。

由此得出如下四个优化点:

1)去掉页面标题以增加商品展示区域面积和单屏内展示商品数量。

2)列表排序中优先展示用户曾关注过或购买过的商品。

3)列表页的每个商品信息条目展示中增加商品优惠信息。

4)列表页增加加购按钮,用户可在列表页直接完成加购。

12.3 案例 25：L 公司电商的黑客增长

基于数据驱动业务决策框架，刘宇将本公司业务代入框架，便得到了 L 公司的电商业务黑客增长的数据分析体系，如表 12-1 所示。

L 公司的黑客增长数据分析体系模型库

梳理人：刘宇

版本：V1.0

表 12-1　L 公司黑客增长数据分析模型

序号	方法论	L 公司增长内容
1	用户分层	活跃增长
2	RFM 模型分析	
3	归因分析	渠道增长
4	AARRR 增长	产品增长
5	NPS 推荐值	
6	A/B Test 分析	

综上所述，L 公司增长需要关注如下三类问题：

- 用户活跃：通过用户运营完成用户的活跃与交易完成，达成用户目标。
- 推广新增：如何控制成本进行市场投放，完成最小投入下的高质量增长。
- 产品增长：分析流失节点，寻找上面两类问题中的症结，从而降低后续用户流失与提高用户活跃。

12.4 用户增长数据模型

这里我们将要讨论如何实现高效又健康的用户增长。

12.4.1 用户分层模型

在产品的体量到达一定规模后,我们没有办法再使用一套统一的运营方案来服务所有的用户。

例如,当平台用户量增多时,不可避免地会出现高消费能力与低消费能力这两类人群,如果此时我们做促销,不分用户人群就进行直接推送,往往会造成高消费能力人群嫌弃该产品品质一般,从而对平台产生负面的印象;而低消费能力人群又认为该产品价格过高,也会对平台产生负面印象。

因此,我们要对用户群中不同偏好的群体匹配对应的方案,实现精细化运营,以满足不同类型用户的需要。

再举一个例子,在工作中其实我们一直在进行用户分层,当我们在聊一些社区产品的时候,会不由自主地将用户划分为内容生产者(比如某大 V 写了什么内容)与内容消费者(比如阅读该文章后点赞转发的就是所谓消费者)。这其实就是对该产品的用户进行了一次分层。

第 4 章在对产品阶段进行分析时其实就提到了用户分层这一概念,这里具体谈谈用户分层的方法。

通常来说,在一家对终端消费者提供服务的公司中,我们的用户群至少需要划分为四类,如图 12-2 所示。

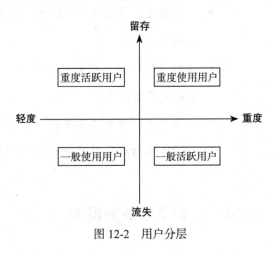

图 12-2 用户分层

> - 重度使用用户（高价值）：用户黏性高，对产品接纳程度高，愿意为产品付费。
> - 重度活跃用户（重点发展）：产品中有吸引用户的点，也愿意付费但不积极。
> - 一般使用用户（重点转化）：有一定的吸引点，但不愿意为产品付费。
> - 一般活跃用户（重点挽留）：即将流失的用户群，应该推出活动吸引用户返回产品。
>
> （定义12-2：用户分层）

这也就是在用户分层中常用的四象限划分法。

举个例子来看，假设现在有一个资讯类应用要使用四象限原理对用户进行分层，可选取用户周活跃次数与平均停留时长这两个指标维度作为坐标轴进行用户划分。

接下来根据产品过往数据中70%的用户在这个指标上的均值来设置如下两个域值，用以进行用户划分：

1）设置一周内登录产品的次数大于4次。

2）设置一周内每次登录产品使用的平均时长大于6分钟。

由此我们就得到了具体的四类用户划分象限，如图12-3所示。

得到的4类用户的具体特征值如下：

- 重度使用用户：周活跃次数 ≥ 4，平均停留时长 ≥ 6min。
- 重度活跃用户：周活跃次数 ≥ 4，平均停留时长 <6min。

- 一般使用用户：周活跃次数 <4，平均停留时长 ≥6min。
- 一般活跃用户：周活跃次数 <4，平均停留时长 <6min。

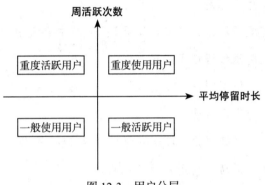

图 12-3　用户分层

至此，一个产品的用户划分就完毕了，但是在用户运营中，往往还需要进行更精细化的用户划分。例如，定义重度使用用户中哪类用户对我们更有价值，付费能力更强。但这里介绍的象限分层法无法满足高精度需求，因此在对用户更精细的分层模型中，主要有如下两种划分模型：

1）针对用户所处的周期进行划分，也就是按照用户在产品中不同生命周期的角色将用户划分为不同类型，又称用户生命周期分层。

2）根据用户的活跃程度对用户进行排序，它被称为新近度 – 频率 – 价值细分，又称 RFM。

下面就逐一进行介绍。

12.4.2　用户生命周期分层

对于任意一款产品来说，我们都可以通过梳理用户在应用中的角色演进路线来对用户进行分层。

> 所谓角色演进路线图，就是我们希望用户在产品中完成对应的任务以及成为对应的角色。
>
> （定义 12-3：角色演进路线图）

通常情况下，产品中通用的角色演进路线如图 12-4 所示。

图 12-4　通用角色演进路线

- 游客：指的是用户发现本产品并进入到本产品进行浏览。例如，在新闻类应用中，我们希望用户因为看到广告而选择进入我们的新闻产品中，此时用户就是一个游客。
- 会员：指的是用户在使用一段时间后，在我们的引导下完成账号注册，成为平台中可追踪的会员。例如，游客类用户在浏览了一段时间新闻后，对某篇新闻非常感兴趣并想要收藏，此时我们应该提示他需要注册会员才能收藏，于是用户进行了注册，成为我们的会员。
- 交易旁观者：指的是用户在围绕产品预设的商业模式进行考察，判断该产品所提供的价值是否能够解决用户的需求，此时我们应称该用户为产品的旁观者。例如，会员用户在浏览新闻中不断被广告所打扰，那么可以通过提示弹窗告诉用户，付费即可成为 VIP，进而屏蔽广告，此外还可以获得优质行业专家的新闻点评阅读，用户在看到该消息后，开始思考是否需要进行付费。
- 交易者：指的是用户最终在产品内选择了为产品所提供的服务买单，我们也完成了产品设计的最关键的一步——商业变现。

例如，出于对行业专家的新闻点评的需求，用户最终选择了付费购买 VIP，完成了付费。

这样我们就将用户按照生命周期分为了四个层级，进而便可对每个层级的用户进行针对化的运营。

12.4.3　高阶分层模型：RFM

接下来要介绍的用户分层模型就是 RFM 模型，我们先来看看它的具体定义。

> RFM 模型是 20 世纪中叶在美国黄页业务中应用的一种用户精细化分层方法，企业可以把客户按最近一次消费（Recency）、消费频率（Frequency）和消费金额（Monetary）这三个维度进行分类。
>
> （定义 12-4：RFM 模型）

从分类结果的角度上来看，RFM 本质是在四象限分层模型上的一次升级，变成三维空间的分层模型。

- 维度 1，最近一次消费：表示用户的可触达性，R 值越大，说明用户发生最后一笔交易的时间距离现在越远；反之，表示最后一笔交易时间距离现在越近。
- 维度 2，消费频率：表示用户的忠实度，F 值越大，说明该用户交易越频繁，而对于大多数消费服务平台来说，交易频繁的用户就属于平台中的优质客户。
- 维度 3，消费金额：表示用户的价值，M 值越大，说明用户交易金额越大，当然用户价值也就越高，是平台的重点客户。

根据这三个维度的值的大小两个方面的度量值，一共可以将用户划分成 8（即 2×2×2）类，如图 12-5 所示。

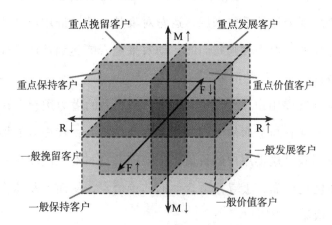

图 12-5　RFM 模型分层示意

进行用户分层之后，我们就可以对不同价值的用户实施精细化的运营，从而清晰地知道哪些用户属于重要价值用户，需要平台运营重点关注；哪些用户处于即将流逝的边缘，需要想办法召回，这样就可以实现精准的用户管理。

表 12-2 中所示的是 8 类特征鲜明的用户类型。

表 12-2　RFM 详细类型示意

类别	用户类型	R（最近一次消费）	F（消费频率）	M（消费金额）
1	重点价值用户	高	高	高
2	重点活跃用户	低	高	高
3	重点发展用户	高	低	高
4	重点挽留用户	低	低	高
5	一般价值用户	高	高	低
6	一般发展用户	高	低	低
7	一般保持用户	低	高	低
8	一般挽留用户	低	低	低

根据表 12-2 我们可以做出如下运营方案：

- 重点价值用户 / 重点活跃用户：是产品的核心用户，也是整个产品现金流的重要来源，运营对策是维持这群用户的消费频次与金额，很多时候我们的活动效果是否能达到预期目标就要看是否触达这里的群体。

- 重点发展用户 / 重点挽留用户：是产品的潜力用户，在整个产品中拥有与上面两类用户相同的消费能力，代表着如果我们能找到满足这类用户的价值点，他们就会付费，因此我们需要不断优化产品，去寻找适合他们的价值点，从而不断地将用户培育成第一类用户。

- 一般价值用户 / 一般发展用户：是产品的高忠诚用户，虽然整体付费金额不够高，但是对产品的使用频次却很高，所以我们需要定向对他们发送阶梯式优惠券。例如，从最开始的"满50-10"发展为"满100-10""满200-15"等来逐步提升用户在产品的消费金额，从而培育用户向第二类用户发展。

- 一般保持用户 / 一般挽留用户：是产品流失边缘的用户，我们需要定向对他们推送优惠或大额优惠券来实现这些用户的召回。

可以看到，有了 RFM 模型后，就可以有的放矢，针对不同类型的用户去运营，从而实现用户增长，提升准确性。

12.5 渠道增长数据模型

学习完了对用户的分层，接下来看看如何管理产品的流量渠道，如何从渠道侧提升产品用户增长。

12.5.1 归因分析

由于用户引流越来越难，想要通过单一渠道的广告让用户一次性完成用户任务（如下单），变得越来越困难。面对这样的困境，通过多个渠道进行组合广告投放成为一种惯用的方法，让用户在A、B、C多个渠道都看到广告，通过多次刺激进而完成消费决策。

在这样的引流模式下，我们就需要分析多个广告渠道对用户本次成交各贡献的曝光价值是多少，以此找到对用户下单决策影响力最大的渠道，从而在后面的广告投放中加大该渠道的投放量，将优势扩大化。

这时就需要使用归因分析（Attribution Analysis）来进行各节点的价值分析了。

12.5.2 常见的归因模型

在日常工作中，我们使用归因分析时，常用的分析模型为以下几种。

（1）首次互动模型（First Model）分析法

> 首次互动模型分析法是将后续渠道的触发转化归功于消费者第一次互动的渠道。
>
> （定义12-5：首次互动模型分析法）

- 优点：容易实施，且可快速统计所有受到该广告影响的用户（如曝光、点击等)。
- ▶ 缺点：在投放渠道多了后，很难追踪第一次吸引用户进入的渠道。
- ▶ 适用场景：初期（第一次）投放市场的产品，目标不仅仅是用户转化也有品牌认知要求。

(2) 最终互动模型 (Last Model) 分析法

> 最终互动模型分析法是将销售转化归功于消费者最后一次互动的渠道，与首次互动模型不同的是，最终的互动计算是以成交作为一次计数判断的。
>
> （定义 12-6：最终互动模型分析法）

- ▶ 优点：容易统计与计算，产品不需要设置大量的数据跟踪代码即可完成用户分析。
- ▶ 缺点：缺点很明显，用户的转换往往是在多个渠道的广告综合刺激下才实现的，此时只归功于最后的渠道往往会夸大最后渠道的价值，导致渠道效果评价失真。
- ▶ 适用场景：转化路径短的场景，如 App 内推荐位转化率。

(3) 线性归因模型分析法

> 线性归因模型分析法会将转化归功于消费者接触的所有路径，并罗列销售转化路径，平均分配贡献权重。
>
> （定义 12-7：线性归因模型分析法）

- ▶ 优点：能兼顾所有渠道，并且为每个渠道分配价值。
- ▶ 缺点：线性平均地分配价值，不利于事后寻找价值最大化渠道。

- 适用场景：市场拓展期的产品，需要以平均值均匀地进行投放，以保证渠道的覆盖面宽度。

下面看看 L 公司是如何利用这三种模型来分析产品广告投放的结果的。

12.5.3 案例 26：L 公司归因分析模型应用

某天 L 公司的运营人员先后在搜索引擎（百度搜索）、导购网站（"什么值得买"）、社交媒体（朋友圈）这三个网站平台上投放了零食产品买 100 减 20 的促销广告。

既然是在追求黑客增长，那么公司的目标就是希望用最小的支出完成最大的收益，所以在一轮投放结束后，接下来就需要进行渠道价值的归因分析，也就是定位哪个渠道作用最大。

刘宇追踪了某用户的访问路径是这样的：

1）首先在百度搜索上查找一个关键词，在百度的推广链接中看到了零食产品的促销广告，并点击下载零食宝商城 App，浏览一圈之后放弃继续搜索。

2）在"什么值得买"上查找零食评测的时候，看到了推送的零食宝商城的促销新闻，但也只是再次阅读了促销信息，此时并未下单。

3）几天后该用户在翻看自己的朋友圈时，在自己的朋友圈广告中看到了零食宝商城的促销广告，随后他想起了这几天一直看到的广告，认为广告能投放这么多，这家公司应该是有一定背景实力的，售卖的产品应该也是值得信赖的，于是最终点击进入商城完成了下单购买。

整个过程的交易路径可以用图 12-6 所示的流程来概括。

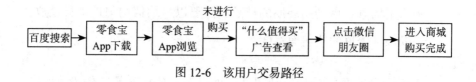

图 12-6 该用户交易路径

此时如果用上面提到的归因分析里的三类分析模型，可以得到如下三种渠道价值的评估。

模型 1：首次互动模型。用户首先是在百度搜索进行关键词搜索的，那么百度搜索（搜索引擎）将被分配 100% 的功劳。

模型 2：最终互动模型。最后一个节点将被分配 100% 的功劳，那么朋友圈（社交媒体）上的广告获得 100% 的功劳。

模型 3：线性归因模型。用户从开始搜索到转化，因为一共经历了三个渠道，那么每个渠道的价值可以平均计算为 33.3%。

在这里可以根据这三个模型的原理，定义三种自动渠道监控：1）首次接触渠道；2）最终互动渠道；3）全路径渠道。

在后续平台的活动数据分析中，就可以通过把这三个归因模型内置到系统中，让公司内的运营人员根据自己的需要选择对应的模型，分析不同维度下的用户触达渠道与落地渠道，以便更好地追踪用户是如何与产品产生互动的。

12.6 产品增长数据模型

提起黑客增长，我们就不得不谈到一个业界通用的增长模型——AARRR 模型，让我们一起来看看如此被推崇的模型到底是怎么帮助我们增长的。

12.6.1 AARRR 模型

> AARRR 是 Acquisition、Activation、Retention、Revenue、Referral 这五个单词的缩写,分别对应用户生命周期中的如下 5 个重要环节。
>
> 1)用户获取目标:各渠道新增量。
>
> 2)提高活跃度目标:日活,月活。
>
> 3)提高留存率目标:次日留存率,7 日留存率,月留存率。
>
> 4)获取收入目标:成单转化率,付费率。
>
> 5)自传播目标:转发数,评价数。
>
> (定义 12-8:AARRR 模型)

用一句话通俗理解 AARRR 模型,就是如何获得更多用户,让更多用户付费并完成传播。

下面具体针对每个 AARRR 模型中的节点进行详细解读。

(1)Acquisition(用户获取阶段)

目标:本阶段主要是通过不同的渠道获取用户。

本阶段关注指标如表 12-3 所示。

表 12-3 用户获取阶段指标

序号	名称	定义
指标 1	每个渠道新增用户数	每日由该渠道引入本平台的新增用户数
指标 2	每个渠道拉新单价	渠道每获取一个用户的成本是多少
指标 3	注册转化率分析	渠道贡献的用户份额比例

(2)Activation(用户激活阶段)

目标:本阶段主要是将获取到的用户进行运营,使其在平台中活跃。

本阶段关注指标如表 12-4 所示。

表 12-4 用户激活阶段指标

序号	名称	定义
指标 1	日活（DAU）	每日登录本平台的用户数
指标 2	周活（WAU）	每周登录本平台的用户数
指标 3	月活（MAU）	每月登录本平台的用户数
指标 4	核心用户规模	属于产品核心的用户数量
指标 5	用户活跃率	登录用户中的活跃用户数

（3）Retention（用户留存阶段）

目标：除了要大规模地引入用户以外，另一个更重要的关注点就是要让这些来的用户都能留在本平台。因此在本阶段我们关注的核心就是产品质量。

本阶段关注指标如表 12-5 所示。

表 12-5 用户留存阶段指标

序号	名称	定义
指标 1	次日留存率（Day 1 Retention Ratio）	新增用户在 1 日内登录用户占新增用户的比例
指标 2	七日留存率（Day 7 Retention Ratio）	新增用户在 7 日内登录用户占新增用户的比例

（4）Revenue（收入阶段）

目标：本阶段主要关心用户所带来的收入与客户价值。

本阶段关注指标见表 12-6。

表 12-6 收入阶段指标

序号	名称	定义
指标 1	付费率（PUR）	用户群付费比例
指标 2	活跃付费用户数（APA）	活跃用户付费比例
指标 3	平均每用户收入（ARPU）	单位时间内平均每个用户为公司提供的收益

$$平均每用户收入\ ARPU = 总收入 / 总活跃用户$$

（公式 12-1）

弄清楚了收入阶段的概念，对于产品的收入增长就可以找到一个通用的思路，举例来说，任意一家电商公司的营收模型都可以用如下公式表示：

$$电商的营收 = 流量 \times 转化率 \times ARPU$$

（公式 12-2）

所以要想实现电商的收入增长就可以从这三个维度进行优化：

- 维度 1，提高流量，即提高来本平台的用户量，提高用户来本平台后的留存率，提高用户的复购率。
- 维度 2，提高转化率，即提高加购到支付的流程转化。
- 维度 3，提高 ARPU，即为有消费能力的用户推荐更高的毛利产品，提高客单价。

（5）Referral（传播阶段）

目标：本阶段主要关心用户所带来的新的用户与为产品带来的市场影响力，这与前面讲解的线下零售模型中的客带客环节是相同的。

本阶段关注指标如表 12-7 所示。

表 12-7 传播阶段指标

序号	名称	定义
指标 1	K 因子	口碑传播能力大小测定

通常情况下，我们会使用 K 因子来计算一个产品的口碑传播能力，具体来说 K 因子的公式如下：

$$K = （每位产品用户向好友推荐的人数）\times$$

$$（推荐触达的人群成为产品新用户的转化率）$$

当 $K > 1$ 时，产品有持续传播性，会不断增长。

当 $K < 1$ 时，产品传播性有限，达到一定水平后会停止。

（公式 12-3）

举个例子来看，假设每个用户平均会向身边 50 位好友发出邀请，好友的平均转化率为 20%，可计算出：

$$K=50\times 20\%=10$$

至此，一个完整的 AARRR 模型就介绍完毕了，但需要注意的一点是，在日常工作中，我们不一定非要按照顺序从第一步执行到最后一步，可根据公司当前的情况着重针对某环节进行设计，且这个模型中的步骤也可以根据自己的产品实际进行裁剪。

当然不仅仅是这里的模型，我们在使用任何数据模型的时候都不要一味地照搬书本内容，而是应该根据当前产品的实际情况因地制宜，只有这样才能真正完成业务问题分析。

好的，接下来让我们看看刘宇是如何运用 AARRR 模型实战的。

12.6.2 案例 27：L 公司 AARRR 模型关键环节实战

在搭建完数据分析体系的第一个版本之后，数据分析体系遇到了第一个运营实战问题：L 公司要怎么使得用户增长？

这个时候回顾一下现有的数据监控平台，可以看到现在的数据分析还是处于一个半自动阶段，只能监控各个点，并没有将它们串联起来，需要进行数据事件的分析，因此刘宇决定搭建一个能帮助运营的增长监控事件。

具体来说，如果将 AARRR 模型中第一步获取的用户进行拆解，可以得到如图 12-7 所示的获客构成因素。

在这个获客构成因素图上结合最近一次的投放事件，刘宇得出了本事件监控要关注的内容。

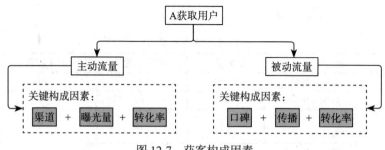

图 12-7　获客构成因素

- 目标 1：我们这次活动做得怎么样，拉新是成功了还是失败了？
- 目标 2：哪个渠道效果最好？

这里刘宇选择了 L 公司一个月前新版 App 上架后的一次拉新活动来进行分析，一共投放了如表 12-8 所示 5 个渠道。

表 12-8　投放渠道

	渠道
安卓	应用市场 – A
	应用市场 – B
	活动 – F 站线上广告投放
	活动 – 线下拉新
iOS	App Store

目标 1：拉新成功与否的判断。

拉新成功与否最基本的一个参照就是判断该渠道付费后是否大于我们的自然增长量，也就是说，如果花了钱的渠道还没有我们自然获客数量高，那么这个渠道就没有任何价值。因此在各渠道进行投放后一定需要与该渠道自然增长量进行对比。

目标 2：各渠道效果分析。

维度 1，获客数量分析，具体如表 12-9 所示。

从表 12-9 中可以得出渠道拉新比得分最高的是 10.4，属于应用市场-A，因此在拉新能力上应用市场-A最高。

表12-9 获客数量分析

	渠道	拉新数量/人	自然增长量/人	拉新比（拉新/自增）
安卓	应用市场-A	1 970	190	10.4
	应用市场-B	140	110	1.3
	活动-F站线上广告投放	815	138	5.9
	活动-线下拉新	170	20	8.5
iOS	App Store	1 047	350	3.0

维度2，获客质量分析，具体如表12-10所示。

表12-10 获客质量分析

	渠道	拉新数量	次日活跃用户	平均单次使用时长	首次交易数
安卓	应用市场-A	1 970	750（38.1%）	3min	654（33.2%）
	应用市场-B	140	42（30.0%）	3min	17（12.1%）
	活动-F站线上广告投放	815	60（7.4%）	2min	43（7.4%）
	活动-线下拉新	170	7（4.1%）	1min	5（3.0%）
iOS	App Store	1 047	800（76.4%）	4min	733（76.4%）

通过这两个维度我们就可以判断，具体哪个渠道带来的用户质量高。可以看到，在次日活数上iOS渠道为最高，在平均单次使用时长上也是iOS渠道最高。据此我们就可以得出一个渠道用户质量排名表，如表12-11所示。

表12-11 渠道用户质量排名

	渠道	拉新数排名	获客质量1排名	获客质量2排名	获客质量3排名	用户价值
安卓	应用市场-A	1	2	2	2	2
	应用市场-B	5	3	2	3	2.7
	活动-F站线上广告投放	3	4	3	4	3.7
	活动-线下拉新	4	5	5	5	5
iOS	App Store	2	1	1	1	1

这里的用户价值是由前面三个获客质量排名的加权平均数计算而得。因为当前平台还处于拉新阶段，所以刘宇将最大权重设置为了拉新（大家可以根据自己当前业务偏重的是新增用户还是成交数来进行定义），最终计算公式为：

用户价值 = 获客质量1排名 ×0.4 + 获客质量2排名 × 0.3 + 获客质量3排名 ×0.3

因此最终渠道质量由高到低排名为：

App Store＞应用市场－A＞应用市场－B＞活动－F站线上广告投放＞活动－线下拉新

再将表12-10与表12-11中的数据稍做整理就得到了如图12-8所示的L公司渠道价值分类。

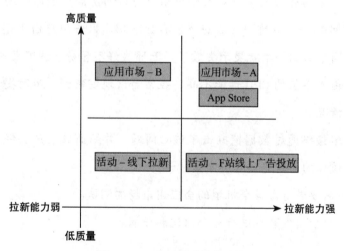

图12-8　L公司渠道价值分类

这里使用的象限横坐标代表的是给产品带来的新增用户量级，纵坐标指的是渠道所带来用户的质量。

在这个象限中,象限一代表用户价值高且拉新能力强的渠道,是我们需要重点管理的,象限二代表用户价值高但拉新质量一般,也属于我们需要重点管理的渠道。

故此我们就找到了属于这两个象限的渠道分别是应用市场-A、App Store 和应用市场-B,它们共同的特征是质量高、用户数多且获客单价低。

在有了这个结论后,我们就可以在这三个渠道上进行重点资源投放,从而为公司带来最大化收益。

当然,除了选择渠道外,通常还需要分析为什么渠道质量不好,更深层次地定位为什么获客成本低。这时通常就需要安排用户回访,向注册过且留有联系方式的用户致电询问离开产品的原因。

刘宇陪同客服同事针对数十个用户进行回访后,最后帮助运营方找到了问题——当前的 App 安装包有 295MB,很多用户由于网络 / 机型的原因下载到一半就显示失败了,而那些好不容易下载下来的用户,部分又由于手机的 CPU 性能不高,经常会出现安装到一半时提示安装失败的情况。

刘宇最终通过数据挖掘出了核心问题,并给商城的产品经理提供了两个核心的问题建议解决方案:

1)需要进行覆盖全机型的全应用市场的测试。

2)对应用安装包进行一个简化和压缩。

12.6.3 NPS 推荐值模型

在使用 AARRR 模型针对产品进行调优迭代管理与渠道投放监控后,我们接下来还需要了解产品在用户心中的定位,以及他们对产品是否满意。而这里重要的监测指标就是 NPS 分值。

下面先来看看什么是 NPS 推荐值模型。

> NPS（Net Promoter Score）推荐值模型，最早由贝恩咨询公司的创始人弗雷德于 2003 年提出，NPS 推荐值模型的作用就是能够直接反映用户对产品的喜爱度。
>
> （定义 12-9：NPS 推荐值模型）

相信不少读者应该在应用中都看到过如图 12-9 所示的一个问题调查，这就是 NPS 模型的应用。

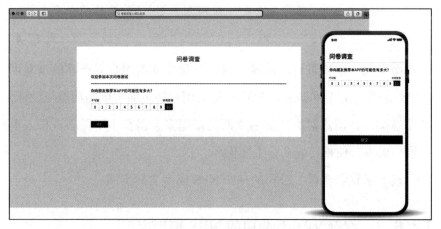

图 12-9 某 App 的 NPS 调查

因此，NPS 的本质就是一个非常简单的客户问题："您有多大意愿将本产品推荐给身边的朋友？"以此来衡量用户对产品的感觉。

当用户回答该问题时，只需要在从 0 到 10 这 10 个数中做出一个选择即可，0 代表完全不愿意，10 代表非常愿意，从而将用户对产品的喜好程度进行量化统计。

统计后结合用户的意愿选择结果，我们可以将用户分为如下三类：

- 满意用户（8～10分）：本类用户属于忠实客户，他们会继续使用本产品，并愿意推荐给其他人。
- 中性用户（4～7分）：对产品没有极端的热爱，也无极端的贬低，当出现行业竞争者时，有一定概率会转移到其他产品中。
- 厌恶用户（0～3分）：产品没有满足该类客户的需求，这部分用户对本产品持有负面意见。

在完成用户分类后，我们就可以得出NPS的最终得分：

NPS分值 =（满意用户数 – 厌恶用户数）/ 总投放调查用户数

（公式12-4）

而当我们想要进行产品推广时，首先要知道用户对产品的满意度（NPS分值），以便可以提前发现产品中用户持负面态度的功能与设计，避免越推广，用户对本产品的负面反馈越多，以至于不得不再投入更多推广成本，使推广进入一个死循环。

接下来我们看看L公司的一个NPS模型实战案例。

12.6.4　案例28：L公司的NPS模型应用

为了后面大规模的市场投放，刘宇决定进行一次NPS分值调查，以便确认产品目前无重大用户不满意的流程。

为此刘宇向商城的产品经理提出这样一个需求：在用户完成订单支付后，弹出NPS问卷弹窗，要求用户选择0～10的心情指数，10代表非常满意，0代表非常不满意。

之所以选择在完成订单支付后弹出 NPS 问卷弹窗，刘宇有如下两个考虑：

- 订单支付完成是当前商城转化的重要目标，因此更需要知道用户对于整个购物历程是否满意，以便及时发现用户的感受，对核心交易链路进行优化。
- 相较于整个订单的履约完成弹窗，下一个可选的节点是将商品送至用户手中后的商品评价，但是在用户拿到商品后，极有可能会因为对于商品的不满意而产生连带效应，从而使得对整个商城的评价也受影响，所以为了避免出现这样的不理智评价，刘宇最终决定将 NPS 问卷放在支付完成后。

此外，对于极度不满意用户，也就是打分在 0～3 分的用户，刘宇还设计了一个机制，即当这部分极度不满意用户打完分时，立即显示一个弹窗，要求用户输入此时的个人意见与想法。

这个设计的原因很简单，如果用户打分如此之低，就意味着用户当前处于一个情绪激动状态，也肯定是有对应的事件触发了用户的情绪，此时正是用户希望宣泄个人不满的关键点，也是我们希望听到用户问题的关键机会。

在经过一个月的调查收集后，刘宇拿到了这样一个 NPS 问卷统计结果，如图 12-10 所示。

从图 12-10 中可以得出结论：共有 940 个人给了评价，其中 120 人选择 0～3 分的心情指数，510 人给了 8～10 分的心情指数，这 510 人属于产品价值的认同者，他们愿意进行推荐。

故此，最终零食宝的 NPS 得分就是：(510-120)/940 = 41.5。

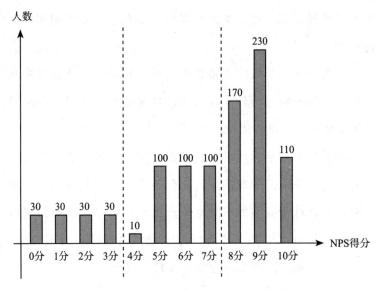

图 12-10 商城支付完成 NPS 得分分布

一般情况下正常 NPS 的得分范围可以参考如表 12-12 所示的范围表。

表 12-12 NPS 分值含义

层级	分值范围	含义
1	5%～20%	绝大多数用户不满意
2	20%～50%	大多数用户不满意
3	50%～70%	大多数用户满意
4	70% 以上	绝大多数用户满意

根据表 12-12，可以看到零食宝处于一个大多数用户不满意的状态，似乎本产品此时不能进行投放了，还需要进行大规模产品优化。但是需要注意的是，这里的分值是剥离具体业务后的通用分值范围比较，不能作为投放满意度的最终依据。

此时刘宇干了最重要的一步，与同行电商的 NPS 分值对比，得到这样的结果，如表 12-13 所示。

表 12-13　同行 NPS 分值比较

序号	产品	NPS 分值	市场占有率
1	爱零食	25%	11%
2	五只兔子	16%	7%
3	晚上吃	19%	6%
4	零食宝（本公司）	33%	2%

可以看到，行业中排名前三的市场巨头的 NPS 得分都不高，评价水平只有 20% 左右，反而本公司的 33% 的得分在这样的比对中还算是一个较高的分值，因此可以得出结论：相对于行业中现有的巨头，本公司所做的产品更能得到用户的喜爱，因此可以进行大规模的市场投放。

12.6.5　A/B Test 模型

在验证完用户对产品是否满意后，对于存在问题的地方，我们就需要有针对性地进行迭代，但是要怎么判断迭代结果是否是用户喜欢的呢？

这里就要用到 A/B Test 模型了，很多新入行的朋友在初次了解这个工具时，都觉得使用 A/B Test 是一个很复杂的事情。但实际上，A/B Test 的本质就是一个互联网中的对照实验与假设检验，将我们的多个方案通过设置实验组与对照组，同时投放到市场中看用户的使用情况，以此来对比到底哪个方案更适合主流用户群体。

往往一个产品进入中后期发展阶段时，各家 App 的同质化会很严重，这时也就进入到体验优化的阶段，比拼的就是细节的打磨，此时也会需要通过 A/B Test 来告诉我们细节打磨的效果。

需要说明的是，虽然我们这个实验叫作 A/B Test，但是我们在工作中完全可以将多个方案（如4个）同时投放到用户群体中，从而选出最优的方案，以此来提高实验的效率，这也称为多层重叠 A/B Test。

1. 解决问题

在平时的增长工作中，设计产品/设计运营活动有些时候是"拍脑袋"决定的，或者是领导说哪个方案好，我们就使用哪个方案。

但是对于这样作出的决策，市场用户往往并不一定会买单，既然要增长，那么我们就必须听从用户的声音，所以这个时候我们就需要使用 A/B Test，在小规模的范围内看用户到底喜欢哪个方案，最终以此来形成数据化决策，帮助运营或产品人员确定到底哪个方案是最优解。

当然 A/B Test 也不是万能的，它的适用场景局限于如下改动量不是很大的场景。

- 内容优化：文案、配图。
- 设计优化：新功能点、交互。
- 运营优化：运营活动。

也就是聚焦于产品体验维度的优化，因此 A/B Test 属于产品优化里的一个重要分析模型。

2. 使用方法

使用该模型需要设置两组属性相同的用户，一组使用 A 产品方案，一组使用 B 产品方案，如新的功能页或新的交互，在相同时间内对比哪组方案对用户有更大的吸引力。

具体实验流程如下。

1）A/B Test 需求梳理：确定需要测试什么对象。一般情况下分为如下两类对象。

- 界面级 A/B Test：指新增 UI、交互等某个界面改动后的效果测试，如使用哪种配色能提升用户的按钮位置识别率。
- 功能级 A/B Test：指新增功能后，论证是否有效，如新增常购清单是否会提高复购率。

2）定义流量分流：需要使用多少流量进行测试，这里需要保证参与测试的用户属性尽可能相同，而在流量分配中我们需要根据参与实验的类型进行流量分组大小的定义。

这里为大家梳理了在 A/B Test 中常见的类型。

第一类：不影响用户使用的实验。

第二类：不确定性强的实验。

第三类：评估收益类实验。

据此，具体的流量分配比例规则如图 12-11 所示。

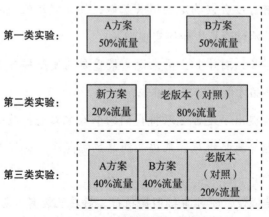

图 12-11　各类实验流量分配规则

3）定义衡量指标：需要使用哪些指标衡量效果。

4）启动 A/B Test：发布测试并开始收集数据。

5）数据分析：根据本次实验数据进行分析。

通过以上五步我们就可以完成一个非常标准的 A/B Test 实验。

这里再为大家补充一个经验之谈，在设计 A/B Test 时，整体投放的时长不宜过短，因为在测试初期，出于对新鲜事物的好奇，用户普遍愿意尝试新功能，但尝试不代表用户真正喜欢。

故此我们在设计测试时间时，对于小功能点建议周期选择 7 天以上，因为通过时间的拉长可以抵消因为用户好奇心带来的"兴奋数据"，同时又覆盖周末和周内的用户行为，使观测较为准确。

而对于复杂一些的功能点方案的验证，我们至少需要测试 2 周甚至 1 个月等更长的时间。

接下来继续以 L 公司的案例来看一个 A/B Test 实战流程。

12.6.6　案例 29：L 公司的 A/B Test 模型应用

根据之前月度会议确定的增长基调，领导将几位产品经理都叫到了会议室，开始讨论具体如何实现增长。

要实现增长，对于 L 公司来说，最重要的便是提升下单率，那么要怎么设计产品才能提升下单率呢？

这时有人提出了是否可以将我们的个人中心进行改版，在个人中心中增加一部分商品推荐，来提高商品的曝光率，这样有可能会影响用户的下单率。

但这只是假设，不能直接照搬执行，好在已经有了数据分析平台，这时就可以使用一个经典的数据分析工具 A/B Test，来帮助我们验证这个功能上线后到底是否对用户有帮助了。

但是 A/B Test 到底要怎么做呢？此时众人的眼光又落在了刘宇的身上。

步骤 1：改版目标 & 验证目标

1）增加个性化商品推荐，增加商品曝光，提高商品下单率。

2）增加订单状态栏，优化核心功能入口，提高导航效率。

验证目标：新筹划的版本是否对现有用户起到了提高导航效率与提升下单率的作用。

步骤 2：流量分流定义

因为本方案属于价值收益评估类，所以刘宇采用了第三类方案的流量分配方式：

1）抽取商城随机总流量 40%。

2）将流量分为三个组。

- 两个实验组：A 组，不投放（使用原版），总流量 40% 中的 50%；B 组，投放新版，总流量 40% 中的 50%。
- 对照组：不做改动版本，使用总流量的 60%。

因为 L 公司商城的流量分为两个来源，一部分为线下地推用户，另一部分为线上获客流量，因此在选择流量群时，我们选择了相同的用户属性——线上用户流量，以保证流量属性相同，减少其他因素的干扰。

步骤 3：实验划组方法

在用户分组的过程中，这里采用了通过获取用户 IP，并以用户 IP 最后一位进行判断，将偶数的用户划分为 A 组，奇数的用户划分为 B 组，由系统在访问的用户中随机抽取样本，从而让各种影响因素在两个样本里均匀分布，比如，某用户的 IP 为 1XX.192.22.26，将其划分为 A 组。

（在进行用户分组时一定要注意分出的用户群在各维度的特征都必

须相似,否则实验的结果就不具有代表性,为了判断选取出的用户是否相似,我们可以在实验过程中同步采用 AAB 测试的方法来检验用户群特征的相似度,也就是将以往抽出的两份流量进行 A、B 版本的投放,从而进行内部二次对照。例如,可以将 A 方案用户再分为 A1 与 A2 两个内部对照组,分配方案如图 12-12 所示。

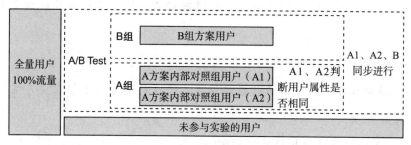

图 12-12　AAB 测试方案

此时通过考察 A1 和 A2 组对 A 方案使用结果是否存在显著性差异,就可以确定试验的分流结果是否同质了。一般情况下我们所选的 A1、A2 组在比对后对同一结果的判断相差度不能超过 10%,这代表我们选取的用户是相似的。

步骤 4：衡量指标定义

衡量指标的定义如表 12-14 所示。

表 12-14　衡量指标定义表

序号	监测维度	说明	监测指标
1	个人中心的平均停留时间	个人中心的本质就是一个暂留页,应该能帮助用户快速引导至对应的目的地,因此停留时间越短,从一定意义上就能反映信息导航设计得更合理	平均访问时长
2	个人中心中的商品点击比例	个人中心中点击推荐商品的用户占总访问该页面的用户	商品点击率
3	用户下单数	用户下单率是否因为增加了曝光位而得到提高	周人均订单量

注意：产品经理需要判断以上监控指标的采集方法是否已存在于数据分析体系之中，若不存在，则需要先回到前面几步，重新设计埋点文档，以便能监测到该指标。

步骤 5：A/B Test 部署

实验时间：2020/12/7——2020/12/21（两个自然周）。

伴随着在 7 号商城 V2.3 版本的发布，个人中心的 A/B Test 启动了。

步骤 6：数据监测

这里选取三个典型的检测指标：

1）平均访问时长。

2）商品点击率。

3）订单数。

步骤 7：数据分析 & 结论

数据结论如表 12-15 所示。

表 12-15 数据结论

	平均访问时长	商品点击率	周人均订单量
A 组	19s	0%（因为没有商品列表）	4 单
B 组	11s	23.2%	5 单

从以上数据结论来看，本次设计的个人中心改版基本已经达到了如下的设计目标：

- 个人中心平均访问时长由 19s 缩短为 11s，缩短了 31.6%。
- 商品点击率从无到有，增加了 23.2% 的点击率。
- 周人均订单量由 4 单提升至 5 单，提升了 25%。

结论：本次设计既降低了个人中心的平均访问时长，也提升了周人均订单量。

就在整个产品团队已经要将 A 方案进行全量升级时，看着已经得出的结果，刘宇却很严肃地告诉大家，这只是一次实验的结果，可能有很多随机事件在里面，如果要让结果真正可信，必须完成以下两个前提条件：

1）实验时间必须足够长。

2）实验参与者样本量要大。

否则项目会受到很多外部其他因素的干扰，导致结果不准，因此在面对一些重要产品升级决策时通常需要两三次的 A/B Test 投放，故此刘宇在随后又进行了一次 A/B Test 实验，最终确定了 A 方案。

学习完了整个 A/B Test 模型，至此我们就可以回答前面第 6 章提出的网盘问题了，如果是我们接手这个营销方案设计，我们需要先通过 A/B Test 在不同渠道投放免费版的活动，以此来观察免费版中用户增长与网盘空间的使用增长情况，然后根据投放结果再进行部分风险控制，从而判断是否要大规模地进行投放。

最后再提一句，目前市面上其实有很多第三方 A/B Test 的数据服务商，只要我们接入对应的服务，就可以一站式托管流量分配与结果统计。一般情况下，出于成本考虑，我们可以直接使用第三方服务，代替从头设计一个 A/B Test 方案。在这里仅仅是为了说明原理，故为大家展示的是一个 A/B Test 的从零开始设计的方案。

以上就是日常工作中常用到的黑客增长模型介绍，下一章就让我们结合这两章讲过的模型为大家带来一个综合性案例。

本章案例数据分析体系建设的总结如下。

1）在本章中，对于 L 公司的数据分析体系，刘宇完成了如表 12-16 所示的工作任务。

表 12-16 L 公司数据分析体系建设进度日志

任务	完成项
24	L 公司增长模型梳理
25	L 公司用户维度数据驱动增长流程定义
26	L 公司渠道维度数据驱动增长流程定义
27	L 公司产品维度数据驱动增长流程定义
总结	数据分析体系建设完成进度：87%

2）数据分析平台演进 V1.3，数据分析模型如图 12-13 所示。

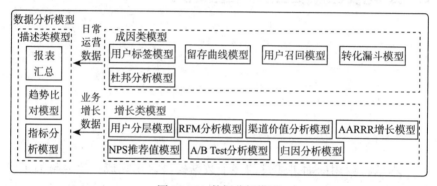

图 12-13　数据分析模型

第 13 章 · CHAPTER13

L 公司数据模型综合案例

本章将运用前面讲述过的多个数据模型,来完成一个完整的工作项目分析。

13.1 案例 30:L 公司会员付费率增长方案

为了增加用户的复购率与扩大公司的毛利,一个月前 L 公司的商城产品经理与运营主管设计并上线了一个新功能:66VIP 会员,用户只要购买该会员便可以享受如下福利:

- 每月四张免运费券,价值 20 元。
- 十张满 100 减 10 元优惠券,价值 100 元。

但是至今为止功能上线也有将近一个月的时间了,商场会员的付费率却并不高,此时运营主管找到了数据产品经理刘宇,想让他看看有没有什么办法帮助商城提高会员的付费率。

刘宇听完他们的讲述后,针对这个问题给出了自己的会员付费率增长解决方案,如下。

零食宝会员的付费率增长方案

梳理人:刘宇

版本:V1.0

步骤1:建立产品的会员指标体系。

步骤2:会员订单来源分析。

步骤3:设计运营方案,促使新会员付费率提升。

步骤4:设计运营方案,促使老会员续费率提升。

13.2 案例31:L公司会员付费率增长运营

步骤1:建立产品的会员指标体系

要想提升会员付费率,首先就要知道在整个会员购买期间都会发生哪些关键事件,又可以用哪些指标进行衡量,也就是为整个会员付费流程进行数据建模。

只有在洞察了整个会员付费流程后,才能找到其中的短板进行专项提升。所以根据公司现有的指标体系,刘宇得出了会员付费的数据模型,如图13-1所示。

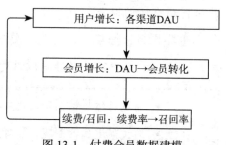

图13-1 付费会员数据建模

步骤2:会员订单来源分析

要想提升会员付费率,必须分析一下现有的会员付费订单来自哪里，这里刘宇将订单来源进行了梳理，得出了会员付费订单一共有如下两种来源途径。

1）渠道导流引入的新会员：让新进入平台的用户购买会员。

2）现有会员的续费：现有购买会员的用户在到期后进行续费。

通过这样的事件拆分就得到了会员付费率想要提升的两项工作：

▶ 增加渠道导流并提高渠道导流的新会员付费转化率。

▶ 控制流失率，提升现有会员续费率。

步骤3：事件一，新会员付费率提升

对于本事件，要想让更多的新用户来付费购买会员，最重要的前提是新用户能准确发现会员信息，不然用户都不知道有会员服务存在，更谈不上购买了。

因此我们就需要梳理出有哪些渠道提供了会员信息的展示，这里根据之前介绍过的概念可以划分为如下两类：

▶ 内部渠道：比如，通过PUSH推送、广告位推广等。

▶ 外部渠道：指拉新渠道、外部广告投放等。

众所周知，想要提高活动效果，除了简单地根据活动参与者的多少加大活动金额、提高预算外，在增长中更重要的一点是找到目标用户进行精准活动推送。

想要找到目标用户，首先需要对平台中的用户进行基础属性画像定义，这里的用户基础属性画像维度可以使用如下方法进行圈定。

▶ 通过自然属性圈定，比如用户性别、年龄、职业、地区。

▶ 通过渠道属性圈定，比如用户注册的时间、渠道来源等。

（方法13-1：用户基础属性画像）

接下来再在画像的基础上进行推送事件定义，完整的定义如表 13-1 所示。

表 13-1 推送事件定义

分类	问题域	组成元素
01	什么类型的人更容易响应活动	性别、年龄、地区、职业
02	什么时间发布活动更容易让用户参与	晚上/白天；用户第一次与品牌互动后的 48 小时内吗
03	什么渠道发送内容效果最好	微信公众号、KOL、朋友圈、抖音

经过一番思考，刘宇选择了在产品内部的广告位进行投放，因为这个是不花钱的，可以以最小的成本进行转化获客。

选择内部广告位后，摆在刘宇面前的另一个问题就是找到产品内部的核心运营位，从而对这些运营位的信息投放转化率有清晰的认识。

为此，刘宇先拆解了整个商城的订单转化路径，一共有如下四个：

1）首页 Banner→会员介绍页→下单转化。

2）首页→推荐列表→会员介绍页→下单转化。

3）个人中心→会员介绍页→下单转化。

4）发现页 Banner→会员介绍页→下单转化。

接下来刘宇分别梳理了这四个路径的会员订单数据，得到如表 13-2 所示的结果。

表 13-2 运营位转化率情况

运营位	位置	会员订单	占比
1 号	首页 Banner	1 325	49.3%
2 号	首页推荐信息流	110	4.1%
3 号	个人中心	980	36.5%
4 号	发现页 Banner	272	10.1%

这里刘宇选择了 1 号与 3 号运营位作为本次会员投放的目标展示场景。

步骤4：事件二，老会员续费率提升

完成了信息投放后，第二个要解决的事件就是控制流失率，从而提升老会员的续费率。这里刘宇是怎么做的呢？

刘宇告诉运营主管想要提升现有会员付费率，与渠道分析类似，需要先对整个会员生命周期进行分析，拆解出会员生命周期中的关键事件。

据此，刘宇根据商城内的会员数据，得到了如图13-2所示的会员生命周期模型。

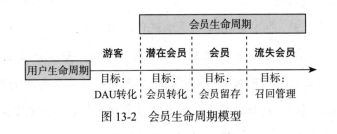

图 13-2 会员生命周期模型

从图13-2的模型可以看到，由游客成为会员后，商城内的会员生命周期一共分为三个阶段。

- 阶段一，非会员信息的触达。也就是商城需要让非会员用户看到会员优惠信息，并且能准确提炼出这个会员能给他带来很大的价值。因此召回中除了基本邀请通知信息外，一般情况下还可以使用优惠会员价格，推出老会员充值优惠价格等策略。

- 阶段二，在期会员续费。正常情况下，在会员还没过期的时候就提醒他进行续费，而不是等到他失去会员身份后再进行续费，此时用户续费意愿会较高。

- 阶段三，过期会员召回。当会员用户在多次提醒无效的情况下，会员真正过期后，此时我们就需要进行召回动作，通过生命周期分析，可以看到这里能帮助我们提升会员付费率的两个关键

事件就是提醒与召回。所以在方案中,刘宇设置了如下两个关键节点:

1)距离会员到期日7天前的提醒事件。

2)根据临界点定义两次召回事件(过期7日/过期15日)。

据此执行后,商城的召回续费数据结果如表13-3所示。

表13-3 召回续费数据结果

到期会员数	1 541人	930人	782人	668人	2 340人	1 905人
到期日7天前提醒后续费	9.4%	11.2%	12.6%	10.9%	11.9%	12.1%
过期7日召回续费	6.7%	5.4%	5.9%	7.1%	5.6%	6.9%
过期15日召回续费	2.5%	2.3%	2.7%	3.1%	2.7%	2.9%
累计促成续费	18.6%	18.9%	21.2%	21.1%	20.2%	21.9%

在确定了内部核心运营位后,下一个问题也来了,投放的时候需要在核心运营位上投放什么内容才能带来最有可能的转化效果呢?

这里的投放内容设计有一个专有名词,叫作"付费锚点设计",也就是像航行中的船舶一样,使用一个船锚牢牢地拴住用户。

通常我们会根据用户的购买历史,选择用户最常购买的商品作为我们的付费锚点。但是对于第一次进入本平台的用户,我们要如何设计锚点呢?

这里也就出现了设计一个运营活动时经常会遇到的思考悖论,即"第一次悖论"。

> 第一次悖论是数据分析中最常见的一个悖论,众所周知,数据驱动运营需要依赖于数据分析的结果,但是在第一次设计对应运营活动时,我们往往是没有该类活动的效果数据的。此时就陷入一个悖论:没有数据的情况下如何能做出最优解?
>
> (定义13-1:第一次悖论)

而在商城中对新注册用户的会员开卡信息触达，这里就属于第一次悖论的范畴，因为在投放中最重要的是需要提前进行用户分析，前面也说了需要让用户认识到这个会员的价值。

在当前方案中，定义的投放内容是通过分析当前商城用户经常购买的商品品类的数据，从而在同类用户进入商城并看到付费会员的信息后，能以具体商品的会员价来物象化会员价值，让用户能意识到在购买了这个会员后，在购买感兴趣的商品时可以享受到多少优惠。

但是新注册的用户根本就没有浏览信息，此时会员价值又要用什么商品传递呢？对此，刘宇的解决方案是根据商城内会员群体热购的商品进行投放，这也是破解这个悖论的最常用方法。取用同类型人群喜好的商品，从而在某种程度上能猜中愿意付费用户的概率更大些，这也就是所谓的冷启动。

为此，刘宇拉取了整个会员群体上个月最常购买的 Top5 商品品类，并计算了各品类销量，得到了如表 13-4 所示的结果。

表 13-4　会员群体 Top5 常购商品

商品品类	销量
饮料冲调类	54 230
膨化食品类	32 100
坚果类	23 000
炒货类	19 999
糖果/巧克力类	17 650

这样我们就定义出了在核心运营位进行投放时，投放素材的设计应该是围绕坚果类商品作为会员价值的体现。

13.3　案例 32：L 公司中的辛普森悖论

在介绍了这么多的数据分析方法之后，接下来就必须要认识一下在数据分析中经常会犯的一个错误，这就是统计学上著名的"辛普森悖论"。

用最简单的话来解释辛普森悖论，就是在分组时占优势的一方在总体上最终得到的结果反倒是劣势，这是因为我们分组的样本量是不同的。

还是来看一个此时正在 L 公司发生的具体案例，相信大家看完案例就会理解到底什么是辛普森悖论了。

在 L 公司的召回续费方案上线后，此时商城的产品经理突然发现了这样一个现象：最近一周整个平台的会员续费率约为 9.9%，而在本周的续费会员用户画像列表中，却发现 L 公司近一周的用户中约 3 500 人使用安卓设备，约 3 200 人使用苹果设备。

细分下来苹果设备用户续费订单下单率约为 8%，而安卓设备用户的续费订单下单率约为 11.8%，得到这样的数据后，商城产品经理找到了数据产品经理刘宇，问他是不是需要调低苹果用户的会员定价或增加用户福利，使其区别于安卓用户，这样能带来更多的会员增长。

在听完分析推论后，刘宇觉得有些奇怪，按照一般规律来说，苹果用户的付费能力应该强于安卓用户的付费能力，为什么在我们平台两类用户数量几乎相同的情况下，苹果的付费率低于安卓的付费率呢？

接下来他便打开了数据平台，在具体拆分了数据来源后，他发现产品经理的结论是犯了数据分析中最经典的错误：辛普森悖论。

刘宇调出的数据是不同的设备在近一周的会员续费订单情况统计，具体如图 13-3 所示。

从上述数据可以直观看出，如果单独看每个直方数据，在相同的终端下除了平板设备外，苹果设备的下单率远大于安卓设备，而安卓设备之所以最后转化率大于苹果设备，是因为在安卓平板这一列的用户基数少，只有 24 人，却有 5 个会员付费的订单，因此就将安卓平板设备的转化率拉升至 20.8%。

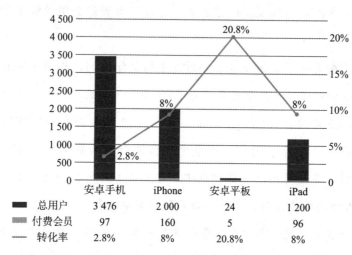

图 13-3 近一周的会员续费订单情况

若这时我们将安卓与苹果设备的转化率加总平均,就会得到上文提出的异常结果:

安卓系统设备转化率 =(安卓平板转化率< 20.8% > +

安卓手机转化率< 2.8% >) /2 = 11.8%

苹果系统设备转化率 =(iPad 转化率< 8% > +

iPhone 转化率< 8% >) /2 = 8%

如果想要避免辛普森悖论,唯一的方法就是在数据分析前对用户进行准确分群,在相同属性的用户分群下进行比对。例如,相同的终端(平板设备 / 手机设备)、相同消费水平等。

案例中跨越了不同的终端,这样比对的结果没有任何可参考的意义,因为用户群基数就不同。

如果个别数据分析必须要进行差异化属性的用户分群比对时,则需要酌情予以权重,以消除分组差异所造成的影响。

13.4 案例33：L公司1.0方案投放验证

完成了方案的制定，接下来刘宇开始进行投放结果收集，进行投放验证。

这里刘宇关注的指标是新增会员数与会员续费率，刘宇通过将用户进行分组，以一月进入App的新用户作为单独的一组用户，来统计新增会员数，结果如表13-5所示。

表13-5 用户分组监测

时间	新增会员数	一月	二月	三月	四月	五月	六月
一月	2 000	2 000	1 730	1 540	1 100	890	600
二月	3 140		3 140	3 000	2 800	2 430	2 104
三月	2 450			2 450	2 105	1 933	1 661
四月	1 024				1 024	1 000	950
五月	2 571					2 571	2 101
六月	4 152						4 152
当月会员总数		2 000	4 870	6 990	7 029	8 824	11 568

根据表13-5可以实现的横纵解读如下：

- 表格中横向数据：代表某组用户的会员续费随时间变化的留存情况。例如第一行，一月共新增2 000名会员用户，到二月会员续费1 730人，到三月会员续费1 540人。
- 表格中纵向数据：代表是每一个会员用户的构成层次。比如第5列，代表三月的6 990个会员是由一月开通会员续费的1 540人加上二月开通会员续费的3 000人，再加上三月开通会员续费的2 450人构成的。

此时根据表13-5的新增会员数，还能很便捷地计算出会员续费率分组表格，只需将每一行、每月的留存用户除以对应的新增用户数，就可以得到如表13-6所示的会员续费率表格。

表 13-6 会员续费率

时间	新增会员数	一月	二月	三月	四月	五月	六月
一月	2 000	100%	87%	77%	55%	45%	30%
二月	3 140		100%	96%	89%	77%	67%
三月	2 450			100%	86%	79%	68%
四月	1 024				100%	98%	93%
五月	2 571					100%	82%
六月	4 152						100%

将表 13-6 中每月的新增会员数的第一月数据左对齐，便可以得到一个更直观的如表 13-7 所示的会员续费率 2.0。

表 13-7 会员续费率 2.0

时间	新增会员数	一月	二月	三月	四月	五月	六月
一月	2 000	100%	87%	77%	55%	45%	30%
二月	3 140	100%	96%	89%	77%	67%	
三月	2 450	100%	86%	79%	68%		
四月	1 024	100%	98%	93%			
五月	2 571	100%	82%				
六月	4 152	100%					

通过上面这个分组表，刘宇就可以针对任意一月的会员数变化进行原因定位：

1）对比新增会员数这一列，通过分析前后月份会员数差值是正还是负，就可以确定当前月会员量级是上升还是下降，如 5 月相对于 4 月，新增会员数是上升的。

2）纵向以列的视角看一个月的数据，可以比较不同月的会员续费情况，如在二月这一列数据中可以发现次月留存率确实上升了，说明之前定义的会员增长策略起到了一定的作用。但后续会员留存率有上升有下降，在此猜测可能是在渠道质量方面出现上升或下滑。

3）横向以行的视角看整个会员的构成，发现会员续费留存始终未能稳定在一条留存渐进线上,说明会员服务的黏性不够,无法吸引用户长久续费。

上面以会员付费增长为例,为大家演示了一个完整的用户运营案例,通过这个案例可以总结出用户运营体系的完整公式。

用户运营体系构成＝用户分层＋用户生命周期管理＋用户激励体系

(公式 13-1)

本章案例数据分析体系建设的总结如下。

1)在本章中,对于 L 公司的数据分析体系,刘宇完成了如表 13-8 所示的工作任务。

表 13-8　L 公司数据分析体系建设进度日志

任务	完成项
28	付费会员增长方案制定
29	付费会员增长运营
30	运营误区纠正
31	增长方案投放验证
总结	数据分析体系建设完成进度:100%(里程碑★)

2)数据分析平台演进 V2.0,完整的数据分析平台架构如图 13-4 所示。

224 应用篇 数据分析体系驱动业务决策

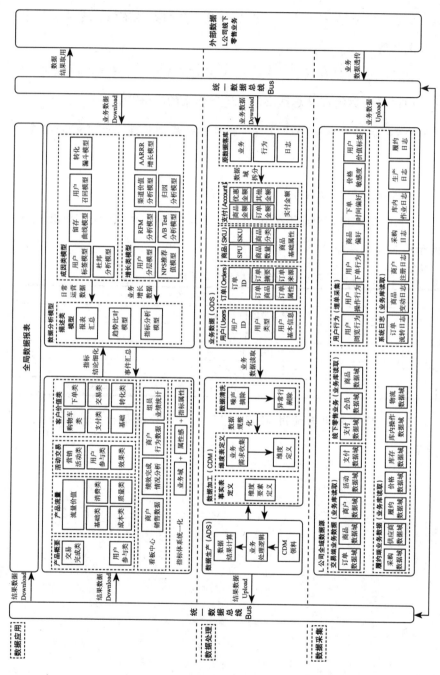

图 13-4 数据分析平台完整架构

进 / 阶 / 篇

跟 CEO 学习企业战略研判

通过前面篇章的学习，我们已经了解了整个数据分析体系的搭建过程，本章作为本书的最后一个篇章，将为大家带来产品经理进阶的技能讲解，让我们一起进入企业运作的核心——战略管理的学习。

第 14 章

数据驱动下的企业战略规划

本书前面的章节给大家介绍过一个概念,数据分析的作用其实就是帮助企业诊断当前业务的运行情况,并发现业务存在的问题。举一个形象的例子,数据分析就是当前业务的一个"探针"。

本章将进一步深入探索它的意义:**数据分析的本质是为企业战略规划而服务的。**

作为一名产品经理,如果你想要追求更大的职业发展空间,想让自己变得更"值钱",那么你必须要深刻地理解公司业务发展背后的决策依据——企业战略。

也就是说,我们要从业务分析上升到企业运作维度,让自己成为企业制定发展方向的一个"探针",去判断企业战略规划是否正确,并学着思考下一步企业战略将怎么制定。

14.1 企业战略规划是什么

14.1.1 企业战略规划定义

要想成为企业维度的"探针",首先我们需要先懂得企业战略规划是什么?

> 企业战略规划简称企业战略(Enterprise Strategy),指的是企业为达成特定的商业目标而定义的一系列企业执行动作的集合。
>
> (定义14-1:企业战略规划)

事实上,"企业战略规划"这一概念在还没有互联网公司之前,就已经在很多MBA课程中提到,并应用于传统线下实体企业的经营管理中,可以说,它并不是一个新事物。

在标准的企业战略规划定义的范围中,企业战略规划包括竞争战略、营销战略、发展战略、品牌战略、融资战略、技术开发战略、人才开发战略、资源开发战略等若干个子战略。

这些都是企业在不同领域的经营活动中所定义的战略,而在这些战略里,产品经理需要聚焦的视角,就是决定企业经营业务方向的企业战略。

我们先来看一张经典的企业战略规划定义图,如图14-1所示。

在图14-1所示的这个模型中,战略规划一共分为组织、公司、客户以及财务四个层面,了解这些的目的就是为了探寻在不同层面企业都会收集哪些数据。也就是如何根据现在业务反馈得到的数据指标,定义下一步的企业发展战略。

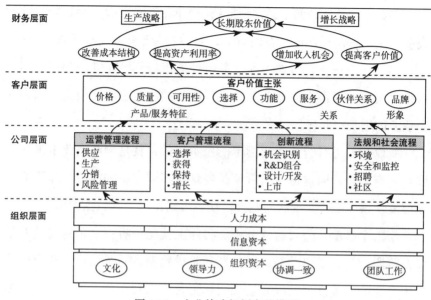

图 14-1 企业战略规划完整模型

明确定义后,如果想要掌握这样的研判能力,接下来就必须要了解企业中的战略规划是如何被定义出来的。

14.1.2 从两个维度读懂企业战略规划

具体来说,企业战略规划的定义出发点是从如下两个维度衍生的:

- 行业空间测定。
- 公司运营分析。

让我们逐一进行分析。

第一个维度:行业空间测定。就是指要主动分析目前公司主营业务在所在的整个行业发展中处于一个什么样的态势,比如,是否还有发展潜力,是处于收缩阶段还是扩张阶段等。

例如，前几年新闻中经常会提到一个词，叫作淘汰落后产能，这就说明对于这些落后产能所在的行业，它的发展态势就是处于收缩阶段。

再举一个例子，假如当前业务所处的市场已经非常饱和了，那么再投入更多的资源在该业务上，最后取得的收益也不会很高，因为这个业务的增长空间已经没有了。

所以我们进行行业空间测定的根本目的，就是判断企业未来的发展空间有多大，而这也是高阶产品经理所必须具备的能力，除了要能提前发现这样的行业现状问题外，还要能给出有力的数据说明。

第二个维度：公司运营分析。实际上就是分析一下企业目前处于什么阶段，是属于启动期、增长期还是成熟期，同时在这些对应的阶段中企业的业务发展情况在监测指标上是否表现正常。例如，企业在进行业务拓展时，我们需要用获客能力、留存指标来判断对应发展阶段企业的运营状况是否良好。而当企业处于增长期时，又需要判断企业增长的速度与增长的成本是否达到市场上同一梯队的平均水平，增速是否能满足企业进入下一轮融资，只有如此，才能算是一个处于良性增长的企业。

所以，如果用一句话来形容企业战略规划的话，那就是：**企业战略规划是在帮助我们寻找一个处于扩张阶段的行业赛道，并且在企业发展的各个阶段，不断监控企业的关键业务指标是否达到行业平均水平。**

14.2 为什么要懂企业战略规划

14.2.1 跳出工具人的设定

本书前面的章节为大家带来的只是产品数据分析的技能学习，如果想要在产品经理的道路上走得长远，懂得数据分析其实只是掌握了产品经理最基础的一个技能。

就好比你终于学会了开车，但此时也只能说明你拥有了进入司机这一职业的敲门砖，但想要成为一名真正的司机，还是需要更多开车以外的技能，如熟悉路线、拥有处理突发路况的技巧等。

同样的，如果我们只专注于数据分析，到最后只能沦为一个"工具人"，只能不停地按照上级所部署的任务去执行。

假如现在的你成为一家公司的负责人，如果市场突然出现了波动，此时摆在你面前的只有如图 14-2 所示的两个选择，你要怎么选择？

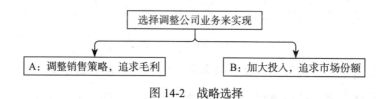

图 14-2　战略选择

如果我们只关注于具体业务工作，那么选择追求毛利的概率更大，因为长期以来追求毛利就是执行层的核心 KPI。

但是站在正确的企业战略角度，如果我们能判断出行业空间的潜力还很大，那么就会选择继续追求市场份额，因为只有企业不断扩大自身市场份额乃至达成垄断，此时业务才具有可持续性，我们所获得的利润也才能长期维持在一个稳定的水平。

反之，如果我们在此时去追求短暂的高毛利，等行情停止波动后，后来的新竞争者进入市场，就会对我们造成威胁，甚至将我们挤出市场。所以为了企业运营的持续性这一战略思考，此时我们应该选择短期毛利的不增长，进而去追求业务的可持续性。

如果回顾目前互联网行业巨头的成长史，你会发现，他们无一例外都是通过前期低价补贴（放弃毛利）来获得市场的，在将所有竞争对手挤出市场后再开始推出一系列付费服务，进行快速变现。

所以，如果我们长期站在某一业务角度去分析具体数据变化，只会让我们的视野与思维变得狭隘，无法成长为一个真正的企业"操盘手"。

14.2.2　进入企业决策层

综上所述，作为产品经理，我们不能满足于现状，应该不断地学习和掌握进阶思维，在笔者的另外一本书《中台产品经理宝典》中，总结了一个产品经理的通用能力模型：M-P 能力模型。

书中原文是这样写的：

每位高阶产品经理应该具有 M-P 能力模型，M-P 能力模型是对于产品经理掌控产品的整个生命周期所必须拥有的能力的一个统称。

具体来说，这个模型分为两部分：

- M（Market）部分：市场运作能力，即将一个应用投放到市场并带来盈利的能力。
- P（Product）部分：需求生产能力，即将一个想法变成一个 App 或网页等落地应用的能力。

所以每一位希望成长的产品人都应该具备在拥有了解决基本需求生产能力后，不断地学习和掌握市场运作的能力。

例如，对于业务类产品经理来说，如果想要走向更高阶的岗位就需要懂得企业业务建模这一系统化的知识。也就是要能通过梳理各个节点的输入输出信息，完成企业内部信息化更高效率的流动。

其中最基础的一项产品经理进阶技能，就是要能读懂企业的每一项决策背后的依据。让自己能跳出执行层级，进入到企业决策的制定层级。

例如，为什么高层要求在"618"或"双11"的时间段开展促销活动？为什么要提出品牌方控价规则（作为经销商，我要求你售卖我的产品售价必须不能低于 X 元），这些决策的背后都是什么原因？

14.2.3　理解企业是如何运作的

笔者接触的很多优秀产品经理，在后期的职业道路中都不约而同地选择了进入投行，成为 TMT 领域的投资经理或行业分析师。他们之所以能进入这些领域，就是因为产品经理分析行业、寻找用户需求的工作性质其实与投行分析企业的工作性质有着天然的相似性，而当我们掌握了数据分析能力后，只需要将数据分析的方法应用到对行业以及企业运作的分析上，用特定的数据指标来判断企业在不同的融资阶段是否处在一个健康的状态，就可以判断该企业的价值。

下一章就让我们一起来看看企业的各个发展阶段，以及如何用数据分析的思维为企业建立一套各个发展阶段的数据监控指标。

第 15 章 · CHAPTER15

企业战略规划分析

想必在大家的职业生涯中应该都听说过这样一句话：产品经理是公司 CEO 的学前班。那么作为一个 CEO，他的日常工作肯定不是每天专注于处理业务需求。所以，作为未来的 CEO 们，我们应该主动学习并掌握一家企业中能决定业务走向的一些知识。

前面第 2 章已经为大家展示过一个业务的发展历程，我们已经知道，企业执行业务多元化，其本质就是因为业务市场发生了变动，所以企业需要通过布局不同的业务以积极应对。

而在业务分析发展到一定阶段后我们其实可以发现，很多时候，仅分析业务并不能改变一个企业的走向，此时真正需要的是判断企业的战略是否正确。

所以我们也需要掌握一些投行中常用到的企业战略建模知识，从而将业务数据转换为企业运作好坏的评估参数。

那么，为什么要学习企业战略建模知识来评估企业呢？其实这里还是有点学问的，在互联网这种模式诞生之前，我们评估一家企业的好坏其实很简单，就是去看这家企业是否盈利。

所以大家能看到我国最早的股票市场——主板市场，对于能否上市的企业有一个最基础的要求，那就是必须保证财报上近三年内是处于盈利状态的。

但是随着企业模式的进一步发展，我们开始发现一些不赚钱的企业也有很大的价值，这一点对互联网领域的企业来说尤为明显。

例如美国的电商巨头亚马逊，它已经在美国纳斯达克股市上市，所以我们可以在早年的财报上看到亚马逊常年在盈利上保持负数，也就是不盈利。

但这不代表这家企业没有价值，反而亚马逊作为全球电商领军企业，为整个电商行业带来了很多新的电商模式，我们国内的很多电商企业也是在亚马逊的文化影响下成长起来的。

本章作为拓展章节将带大家入门企业战略建模，让我们一起从数据产品经理的视角来解读企业战略问题。

所谓数据产品经理的工作视角，就是将问题进行拆分，使其可量化，事实上，企业战略建模也可以使用一个标准公式来进行拆分。

企业战略建模 = 企业战略 + 企业经营阶段 + 战略执行情况

（公式 15-1）

1）企业战略：企业所选择的商业模式与核心竞争策略。

2）企业经营阶段：企业从小做到大所需要经历的不同发展阶段。

3）战略执行情况：企业各阶段需要完成的阶段任务与价值判断指标。

15.1 企业战略

如果用河流模型来比喻公司内部运营的话，我们可以看到，任意一家公司的本质可以划分为如下三个流动模型：

- 工作流（工作拆分+安排）。
- 数据流（交易中产生的各种业务数据和财务数据）。
- 业务流（业务流程管理）。

一家公司在成立之初，最重要的决定便是定义这家公司的商业模式。相信大家也在很多地方都听过。但是我们要如何评价一家公司商业模式的好坏呢？

下面为大家介绍一个投行中经常用到的评价体系公式：

$$商业模式评价 = 市场维度评价 + 企业维度评价$$

（公式15-2）

1）市场维度：市场吸引力；行业吸引力。

2）企业维度：持续经营能力。

- 市场吸引力（消费者视角）：企业提供了什么服务/产品，消费者是否愿意为该服务/产品的价值进行付费？
- 行业吸引力（竞争者视角）：我们的服务/产品与众不同的地方在哪儿？本行业的未来发展中会有什么问题需要我们怎么解决？
- 持续经营能力（企业股东视角）：一个服务/产品能否持续运营，不断创造出正向现金流，而不是只在短时间内挣钱就草草结束了？

通过这个评价体系我们也就得到了一家企业中不同的服务对象，

以及公司为不同的对象带来的价值，如表 15-1 所示。

表 15-1 企业对各服务对象的价值

序号	服务对象	价值
1	客户	产品价值
2	公司	规模化价值
3	股东	持续盈利价值

注意：产品价值在经济学上分为如下两类：
- 能为客户带来使用价值：使用该产品能帮助客户解决某场景下的痛点问题。
- 对于企业而言，因为我们交付产品，所以能带来交换价值（客户为了使用价值愿意付费）。

此外，需要注意一点的是，这三类企业创造的价值是有先后依赖顺序的。

1）企业创造产品价值，此时的目标是为了让客户承认价值，产生购买行为。

2）当有客户购买时，需要进行规模化，以此来获得大规模盈利。

3）当企业能进行规模化盈利时，开始追求为企业股东带来持续性盈利。

因此，从数据分析上来讲，企业运作的好坏被转换为观察三个价值是否满足，故此我们得到了监控的一级指标，具体如图 15-1 所示。

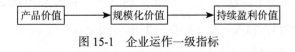

图 15-1 企业运作一级指标

当然，公司的价值并不是一下子就能满足的，通常都是随公司经营阶段的发展而逐渐实现的,因此我们需要再深入到企业经营阶段,来看看如何满足不同角色所需的价值。

15.2 企业经营阶段

通过学习前面的章节我们知道,多级指标才是一个可供参考的完整指标体系,所以下一步我们就要对一级指标进行拆分。

一家企业的发展所经过的经营阶段如表 15-2 所示。

表 15-2 企业发展经营阶段

序号	企业发展阶段	企业发展核心关注点
01	产品阶段	产品价值
02	运营规模化阶段	规模化价值
03	持续经营阶段	持续盈利价值
04	资本扩张阶段	

接下来,我们具体来看一看这些经营阶段各自的变化是什么。

15.2.1 产品阶段

此时的公司,核心命题在于如何打造一款能解决用户需求的"爆款"产品。

(1)本阶段特征

产品阶段是一家公司能存活下来就必须要淌过的阶段,处在产品阶段的公司会聚焦于如何把现有产品/服务的方案模式"跑通",也就是找到用户真正的痛点,而"跑通"的标准是指投放市场后,市场中有用户愿意为其付费,公司就能产生正向现金流。

(2)监测指标

指标 1:产品的市场关注度

从阶段特征我们知道，一个好的产品/服务设计方案必须能带来财务价值，但是在互联网企业中，产品阶段通常都是通过免费政策来获得市场规模的，所以无法简单地根据盈利情况进行判断，故此我们需要选择侧面反映指标：产品能引起市场关注度的大小。

根据不同产品的生命周期，我们可以用产品内部的用户数据来间接反映市场关注度：注册用户→消费用户→活跃用户（经常消费）。

此时如果要判断企业是否走出了该阶段，就要看一个产品是否能引起市场关注。比如，我们经常看到这样的新闻，某企业因为某新技术/某新模式获得强烈市场反响，并获得千万级融资，这往往就是还处在产品阶段的企业为了激起市场反应而实施的一种营销手段（用融资新闻来获得市场关注度）。

指标2：UE模型

UE的英文全称是Unit Economics，中文翻译为单位经济效益，也就是指该商业模式下某个最小运作单元的运作情况。

例如，对于外卖业务的UE模型就是一个外卖订单，付费点播电影业务的UE模型就是一个点播订单。

为什么要研究UE模型呢？因为一家企业的成本可以分为两个部分：企业固定成本与企业变动成本。

所谓企业固定成本，就是指企业在初创时一次性投入的成本。比如，企业的设备购买、土地租赁等。而企业变动成本指的是企业在每次履约过程中所要付出的成本。例如，送外卖时给外卖小哥的配送费。

对于一个初创的商业模式，如果我们只是简单地拿这个模式中的收入与企业的总投入成本进行比较，那么就很可能错过市场上很多优秀的公司，因为一开始可能由于企业订单量比较小，导致它的收入没有办法覆盖它的成本，所以就被我们的评价体系忽略掉了。

为了避免这种情况，我们需要将企业的价值进行拆解，只需要对企业的每一个最小运作单元的收入与它的变动成本进行对比，如果它的收入能大于它的变动成本，那么迟早有一天它多出来的收入部分就能覆盖它所有的固定成本。这种模式到最后肯定会盈利。

因此，我们在公司的产品阶段就可以通过判断产品的 UE 模型是否为正，来判断该产品是否拥有价值。

（3）企业融资

此时企业所处的融资阶段多属于天使轮，投资人的关注点多在于产品是否立意新颖，是否有市场关注度。

15.2.2 运营规模化阶段

此时公司的核心命题在于如何扩大经营规模，实现为整个目标用户群提供服务。

（1）本阶段特征

在当今的市场中其实存在很多产品/服务，也不一定需要成立一家企业，有些甚至一个人就可以完成完整的产品/服务提供，如开发人员凭借自己的个人技术对外提供技术外包服务，此时他就完全不需要成立一家企业。

那么企业到底什么时候才需要成立呢？这就是本阶段的核心探索点，通常当我们选择要成立一家企业时，往往会有两个层面的共同作用要素出现。

> - 需求侧：该产品不能是个性化需求，需要有一定规模的潜在用户。
> - 供给侧：该产品/服务有可以规模化与标准化提供的生产形式。
>
> （定义 15-1：企业成立因素）

通过这个概念我们也明白了企业本质上就是在干如下两件事：

> - 不断地在市场中寻找愿意为企业产品/服务付费的新用户，拓展需求侧。
> - 通过创造并组织生产要素，使用户需求能规模化生产，解决供给侧。
>
> （定义 15-2：企业的本质）

（2）监测指标

指标 1：DAU，表示经常来消费的用户数。

指标 2：ARPU，表示单个用户的贡献金额。

指标 3：产品收益 = DAU × ARPU。

这几个指标是判断一家企业运营规模能否扩大的关键前提：用户数量或单个用户的价值贡献是否在增长。

举例来说，在上述的产品收益指标计算公式中，如果一家企业客单价稳定，而用户数量可以无限制增长，那么这家企业就可以持续经营下去。

但是市场上不存在一个可以无限增长的市场空间，所以这也是很多国内企业要实现全球化的重要原因。

我们以中国手机市场的企业竞争为例，更好地理解这里的内容。

当在国内市场卖一台手机的毛利无法增长的前提下，中国区的手机渗透率已经非常高，市场整体处于饱和状态，此时要想得到发展，就只能拓展新用户，因此就不得不开发像印度这样的新兴市场。

当然，还有一种方法就是挖掘老用户的价值，如围绕手机用户，推出一系列周边产品来挖掘老用户新的付费点，这也就不难解释为什么苹果手机在近几年开始推出一系列苹果软件全家桶，本质上就是希望通过软件付费提升老用户的 ARPU 值。

指标 4：收支差。

本指标是用来判断一家企业的产品/服务是否可以规模化的重要指标，当收入的增长大于成本费用的增长，就代表着该产品可以不断进行规模化，存在利润。

指标 5：规模化价值。

$$规模化价值衡量 = 产品收益（DAU \times ARPU）/ 营销费用$$

通过这个公式我们可以看到，规模化价值就是在营销费用恒定的情况下，让用户消费金额不断增加或本产品的用户数不断增加。

满足这两个要素中任意一个的企业，我们都把它称为一个拥有规模化价值的企业，当然最优质的企业会使这两个要素都处于增长状态。

这也是企业很喜欢做生态的原因，目的就是为了通过生态去吸引各个层面的不同用户，以及让单一用户持续在企业内部消费，从而实现双要素增长。

（3）企业融资

进入该阶段的企业，此时通常会进行如下两个操作：

- 组建营销队伍：组建营销团队是为了扩大企业市场，也就是前文提到的扩大需求侧。

- 扩大生产规模：配合前端营销团队的拓展，进一步提高企业供给侧生产能力。

当然，由于企业走出产品阶段后的自身"装备"不同，在此处的两个企业动作中会有各自的偏重。所以在这个阶段进行融资时，企业要向投资人说清楚在未来钱会用于哪两个操作中；并且要向投资人提供管理方面的能力证明，从而让投资人相信企业在获得融资后，能合理地进行人员、资金与生产的各要素的规模化升级。

因此投资人在调研本阶段的企业时，也会倾向关注于如下要点：

- 企业的产品是否具有规模效应，也就是是否可以量产。
- 管理团队储备与建设情况，这也就是每当企业发展到一定阶段后，内部突然会密集空降一批高管的原因。

对于这个阶段的企业融资，从融资轮次上来讲一般处于 A、B、C 轮。

15.2.3 持续经营阶段

此时的公司的核心命题在于如何在外部停止"输血"后，自己能开始盈利并实现自我"造血"。

（1）本阶段特征

进入到本阶段的企业有一个显著特征就是组织变得复杂化，企业内部出现了各种部门，如效能部门、后勤部门与内控部门等。

而出现这些部门的根本目的是企业主希望用多种方法来维护企业的生产力与执行力。需要不同的生产关系来满足不同用户的需求，也就是对企业的盈利质量（要求稳定）与数量（大规模生产）提出要求，从而能持续地将企业运作下去。

这里需要补充的一点是，持续经营的前提条件是不依赖单一产品、单一市场与单一团队。

（2）监测指标

指标：持续经营指标。

具体指三大财务报表的指标由负转正。

- 资产负债表：盈亏平衡。
- 利润表：账面不亏钱。
- 现金流量表：卖产品收到的钱扣掉支付给供应商的钱、付给员工的钱、支付的固定成本，经营活动现金流量不再为负数。

企业在本阶段中必须要由上一阶段中用投资人的钱维持市场规模的模式，转变为能依靠自身所提供的产品／服务获利的模式。

例如，在早年互联网电影票售卖业务中出现的5元钱免费看电影模式，虽然每卖一张电影票理论上就至少要亏损10元，但此时这种商业模式能持续下去的根本原因就是因为有投资人不断在注资。

此时企业如果要继续占领市场就需要不断有投资去补贴成本，但是进入本阶段后就需要走出这个模式，走入能正常定价（存在毛利）的范畴，这样才能称得上是可以持续经营。

用一句话来概括此时的企业运营情况应该是：收入（资产能不能带来收入）、利润（收入有没有利润）、现金流（利润能不能回收，不能都是应收账款）。

（3）企业融资

处于本阶段的企业，由于已经完成了多轮机构的大规模融资，因此通常会选择上市（如 IPO），而一家企业能上市也代表着获得了市场中绝大多数投资人的认同。

15.2.4 资本扩张阶段

此时的公司的核心命题在于如何找到企业的第二增长引擎。

（1）本阶段特征

当一家企业在业务持续经营中遇见瓶颈，无法继续达到更高的盈利水平时，它常做的一类操作就是去投资市场上新出现的高增长企业，这也被称为企业的资本运作，也就是企业由具体的业务经营变为资本经营。

此时企业的主要表现形式就是不断进行并购（包含兼并与收购两种），而并购的目的是为了借助并购进入新市场，获得新的增长引擎，实现新一轮的业务规模增长。

（2）监测指标

指标： 股东回报率指标。

通过每次并购后，判断对股东每股回报的变化情况，进而判断并购价值。

15.3 企业经营管理

在看完了整个企业经营阶段后，回归到我们个人发展上，我们选择一家企业就应该像投行去投资企业一样，要看企业处于什么阶段，并以该阶段的企业关键指标来考核企业是否获得了本阶段应该获得的价值，进而判断当前所服务的企业是否拥有价值。例如，如果企业处于运营规模化阶段,就应该看企业规模化做得如何。

在工商管理学科中我们也将企业的成长历程称为匹配点的寻找,就是企业为了增长,在不同阶段都需要达到哪些匹配点,从而使一家企业能从一个非常小的初创规模变成跨地域的连锁型企业规模,这也是企业增长生命周期的概念,如图 15-2 所示。

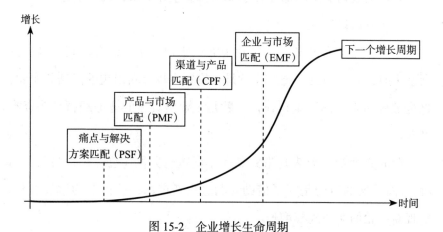

图 15-2　企业增长生命周期

整个企业增长生命周期可以分为如下 4 个匹配点。

> 1)痛点与解决方案匹配(PSF):真正挖掘到目标市场的痛点并能找出解决方案。
>
> 2)产品与市场匹配(PMF):创造能解决目标市场的痛点、可规模化的产品方案。
>
> 3)渠道与产品匹配(CPF):寻找能低成本且快速推广的渠道,帮助产品推向市场。
>
> 4)企业与市场匹配(EMF):在不断开拓市场中,不断调整企业结构以适应发展。
>
> (定义 15-3:企业增长生命周期)

下一个增长周期会重复上述四个环节。

总结一下整个企业发展的四个阶段与价值点，一家企业的发展过程如下所示。

1）企业产品投放市场，被验证有价值。

2）企业判断收支差后，可以扩大规模。

3）企业规模化后，管理层有能力驾驭这个规模。

4）规模增加到一定阶段后，开始创造财务价值。

5）成功让企业走向正向盈利后，开始追求持续经营。

6）通过资本运作不断并购行业企业，完成企业的持续扩张发展。

而企业发展的各阶段监测指标体系，如图 15-3 所示。

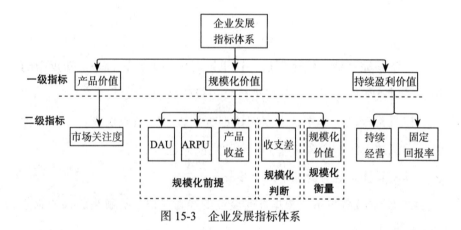

图 15-3　企业发展指标体系

第 16 章 · CHAPTER16

基于企业战略规划驱动产品设计

在学习完企业战略规划后,这里笔者再为大家进行一个知识面的拓展,讨论如何基于企业战略进行公司级产品规划设计。

在日常产品工作中,大家应该都听到过与产品规划或者产品架构设计类似的说法,那么这项工作究竟是如何进行的呢?

其实具体来说分为如下两个步骤。

1)全局业务拆解:根据此时企业的经营阶段,拆解当前整个业务的发展规划。

2)产品架构设计:根据拆解的全局业务来完成当下阶段产品的架构设计。

16.1 业务发展目标拆解

本质上,这一步就是要弄清楚如下两个问题。

第一个：当前业务发展到了哪个阶段？我们需要用户做什么？

第二个：我们需要怎样设计产品来使用户达到这样的目标？

为此我推荐大家使用一个通用的 5 步法来进行业务发展目标拆解，如图 16-1 所示。

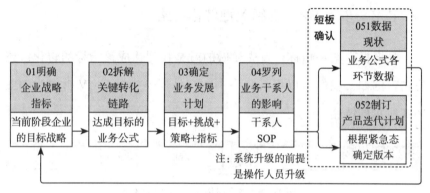

图 16-1　全局业务 5 步拆解法

下面我们还是以前文中的案例——刘宇所在的 L 电商公司来为大家剖析如何使用 5 步拆解法得到最终落地的产品迭代方案。

16.1.1　步骤 01：明确企业战略指标

首先我们需要找到公司当下的目标战略，此处可以参考每季度公司战略会议定下的季度目标进行分解。刘宇所在的 L 公司是一家创业公司（正处于前文提到的运营规模化阶段），所以在本季度中，从交易规模（GMV）与毛利两个大业务指标中选择了提升交易规模为优先指标，如图 16-2 所示。

明确了企业战略指标后，接下来就可以思考如何提升当前企业的战略指标。

图 16-2 企业战略指标

16.1.2 步骤 02：拆解关键转化链路

要想提升某一指标，首先要做的就是找到达成该指标的转化链路公式。例如，我们可以将 L 公司中的交易规模指标 GMV 拆解为如图 16-3 所示的链路。

图 16-3 交易规模关键转化链路

从图 16-3 的链路中可以看到，影响交易规模的因素共有三点，分别是用户数、转化率与客单价，这三者的乘积就是我们的交易规模。

因此要想使交易规模增长，我们要做的只是分别提升这三个维度。

当然，直接说提升用户数或者转化率还是有一点抽象，我们需要继续将这些维度进行拆分，于是便得到了如图 16-4 所示的拆解结果。

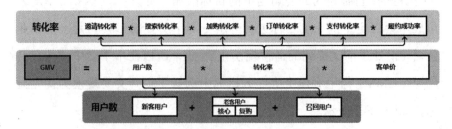

图 16-4 交易规模关键转化链路二级拆分

可以看到通过二级拆分，我们就将交易规模这一指标拆分为在产品中具体可落地的影响点，比如原一级拆分项用户数，现在被进一步划分为新客用户、老客用户与召回用户三部分。

这里再补充一个小知识点，大家在思考如何找到这些构成因素时，可以使用如图 16-5 所示的三个拆解出发点进行思考。

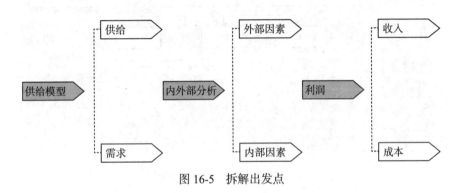

图 16-5　拆解出发点

可以看到，经过这样的分析，一个极度抽象的企业战略指标就被我们拆解成了具体的产品方案中可优化的内容项，仔细想想这其实就是大家口中神秘的高阶产品的日常工作，将公司 CEO 制定的指标翻译成可落地的产品子项指标，再拆解给各个模块的产品负责人进行具体方案实现。

接下来我们要做的就是逐项分析使用哪些产品策略来提升这些二级拆分项。在分析之前为了能更好地展示对应的策略，我们需要先对之前拆解的交易规模关键转化链路图进行扩充，得到如图 16-6 所示的结果。

在图 16-5 中，我们将三个一级拆分项的上下做了一个区域延长，用于记载具体的产品改进策略。

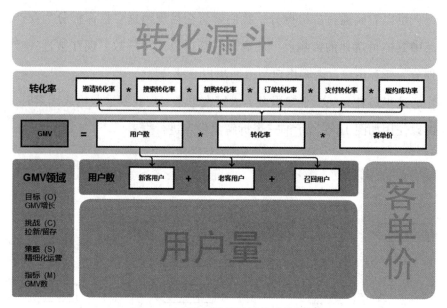

图 16-6 交易规模关键转化链路扩展

16.1.3 步骤 03：确定业务发展计划

要想确定业务的发展计划，也就是找到产品改进策略，可以采用杨堃老师提出的一个思考框架（OCSM）细化落地发展计划。

1）目标（O）：当前问题的解决目标是什么？例如，面向老客用户，你的目标是降低老客用户的流失率。

2）挑战（C）：在达成目标的过程中会遇到什么问题？例如，缺少数据、功能等。

3）策略（S）：使用何种方案达到你的目标。例如，搭建流失模型，进行提前预警，并在将要流失前通过自动化营销工具，发放优惠券并尝试挽留用户。

4）指标（M）：无论选用何种策略，最重要的是需要自我设计一个指标来校验我们的策略有无效果。例如，此处的指标是流失率，用于判断流失模型与自动化营销工具是否对留存率的提升有帮助。

根据这样的思考框架，结合上一步的转化链路就得到了如图16-7所示的完整业务发展计划。

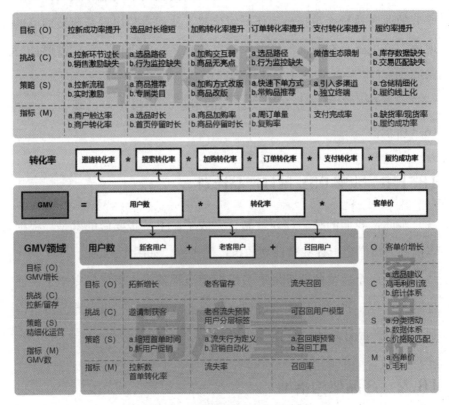

图 16-7　交易规模业务发展计划

可以看到，这样的一个计划就是真正可落地的计划，我们为每一个子项都定义了对应的目标、解决策略与校验效果好与坏的指标。

16.1.4　步骤04：罗列业务干系人的影响

完成了业务发展计划的制定，可以说80%的计划工作就完成了，根据杨堃老师提出的思考框架可知，最后一步要做的就是对业务干系人的影响点进行罗列。

所谓的业务干系人影响点，就是我们要根据新的业务发展计划对原有的业务执行人员提出工作升级建议，从而避免出现新瓶装旧酒的现象，这也就是在前面的章节中提出的软系统的理论，我们需要让公司的"软件"——业务人员也进行同步升级。

于是我们完整的业务发展计划的最后一块拼图也出现了，如图16-8所示。

16.1.5　步骤05：制订产品计划

至此，我们的整个计划就制订完成了，下一步要做的就是，根据当前的数据制定上述完整计划的执行优先级，如图16-9所示。

以上一个完整的业务发展目标拆解流程就为大家展示完毕了，通过这个过程，我们可以实现将抽象的企业战略指标一级级地分解，得到最终的产品计划的过程。

16.2　产品架构落地

前面为大家讲述了从战略指标拆解出产品计划的全流程，那么要如何将计划再拆解为具体的落地产品迭代呢？这里为大家总结了产品迭代设计中的四步拆解法，如表16-1所示。

第 16 章 基于企业战略规划驱动产品设计 255

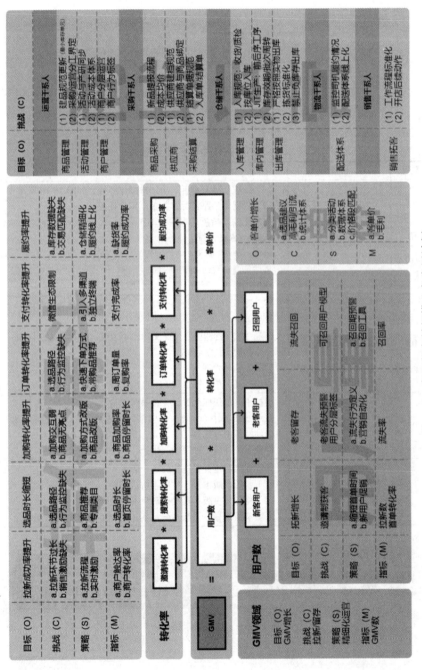

图 16-8 完整版交易规模业务发展计划

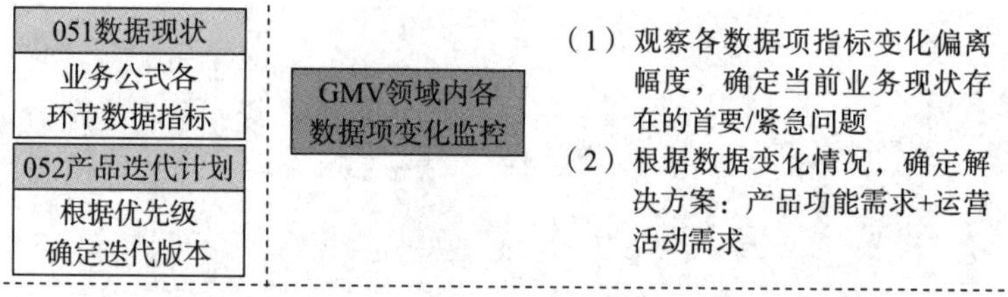

```
┌─────────────┐
│ 051数据现状 │
├─────────────┤         ┌──────────────┐    （1）观察各数据项指标变化偏离
│ 业务公式各  │         │GMV领域内各   │    幅度，确定当前业务现状存
│ 环节数据指标│─────────│数据项变化监控│    在的首要/紧急问题
├─────────────┤         └──────────────┘    （2）根据数据变化情况，确定解
│052产品迭代计划│                            决方案：产品功能需求+运营
├─────────────┤                              活动需求
│ 根据优先级  │
│ 确定迭代版本│
└─────────────┘
```

图 16-9　产品计划

表 16-1　产品迭代中的四步拆解法

序号	步骤	示例
01	业务节点拆分	（1）依据产品自身拆解出用户操作路径，如图 16-10 所示 （2）依据用户路径拆解为多个用户任务 用户任务 = 角色 + 事件 + 动作 例如：CRM 系统 角色：销售 / 运营 / 项目经理 事件：商户拜访 / 商户签约 动作：签约 = 拜访 + 开店 + 引导下单
02	服务中心定义	定义服务中心，解决每个路径节点所对应领域的问题 商城系统： 商品中心 / 营销中心（查找）/ 订单中心（下单）/ 支付中心（支付）/ 客服中心（售后） 例如：商品管理 商城→商品中心→上架 / 创建 SKU
03	设计系统结构	根据不同层级概念设计完整系统结构 系统→服务中心（解决具体某领域内的事）-> 功能（完成该事件的各用户任务） 完整系统结构图如图 16-11 所示
04	制定版本迭代方案	按优先级制定开发迭代的各个版本 （1）主版本版本号 + 主版本解决问题 （2）将每个主版本再次拆解为不同的子版本： 子版本版本号 + 子版本分步实施内容（V1.1/V1.2）

开始 → 打开网站/App（根据商品种类选择网站/App）→ 查找货物（使用搜索工具定位商品）→ 商品详情（了解商品属性）→ 确定目标商品（明确匹配个人需求的商品）→ 完善订单（确认物流等信息）→ 确认订单（完成线上购物环节）→ 完成购买（完成购买行为）→ 结束

图 16-10　用户操作路径

以上我们又实现了将计划拆解为落地产品的迭代过程，据此，在后续的工作中我们就掌握了将一个战略指标拆解为可落地的产品迭代的全部流程。

至此，本书的内容就全部结束了，祝愿看完本书的产品人都能将数据驱动这一理念运用到自己的生活和工作中，让自己也能像CEO一样思考，一起加油吧！

最后，如果想要持续阅读更多优质内容，大家可以关注笔者的微信公众号"三爷茶馆"，笔者会持续更新产品、商业、资本相关的内容。

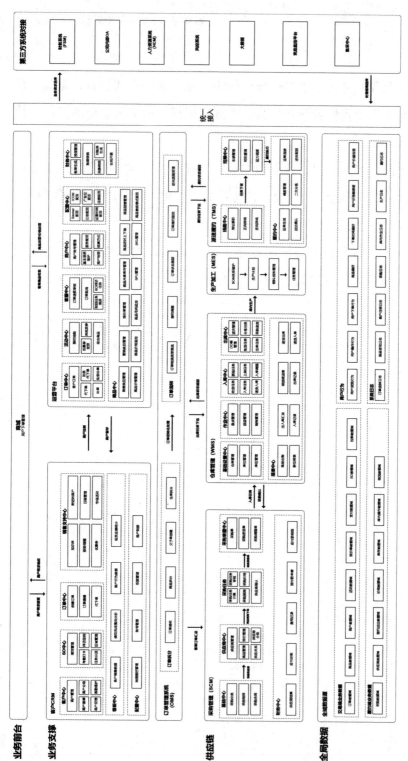

图 16-11 系统结构图

APPENDIX · 附 录

全书 100 个核心知识点速查

为了方便大家在学习与工作中速查对应内容，本附录将书中所有重要的定义、方法、公式与案例都汇聚起来了，共计 100 个知识点，方便大家快速查找到对应内容，知识点看板见表 A。

表 A　全书知识点看板

一级分类	二级分类	序号范围	知识点数	知识点总数
定义	数据体系	【3-1】~【10-1】	19	42
	运营模型	【10-2】~【11-5】	8	
	增长模型	【11-6】~【13-1】	11	
	企业模型	【14-1】~【15-3】	4	
方法	数据体系	【3-1】、【11-1】	2	8
	运营模型	【7-1】~【9-1】	4	
	增长模型	【12-1】~【13-1】	2	
公式	数据体系	【4-1】~【8-1】	5	16
	运营模型	【11-1】~【11-4】	4	

(续)

一级分类	二级分类	序号范围	知识点数	知识点总数
公式	增长模型	【12-1】～【13-1】	5	16
	企业模型	【15-1】～【15-2】	2	
案例	数据体系	0～17	18	34
	运营模型	18～23	6	
	增长模型	24～33	10	

一、定义类（42个）

定义3-1：软系统　　　　　　　　　　　　　　（出处：3.2节）

任意一个体系要想发挥正确价值，必须通过产品与使用者这两部分共同协作，这两者合二为一称为软系统。

定义3-2：数据分析体系　　　　　　　　　　　（出处：3.2节）

数据分析体系通常由数据使用者的分析模型和数据分析平台这两部分构成。

定义3-3：数据分析平台　　　　　　　　　　　（出处：3.3节）

在数据分析体系中，数据分析平台的构成包含三大核心要素，分别是北极星指标、数据建模和事件分析。具体解析见表3-1。

表3-1　三要素释义

序号	要素	说明
1	北极星指标	每个阶段针对具体业务领域确立的商业/业务目标
2	数据建模（又称指标体系）	DAU、GMV、留存率、订单量等
3	事件分析	漏斗模型、海盗模型、杜邦分析等

定义4-1：产品生命周期理论　　　　　　　　　（出处：4.2节）

产品生命周期理论是由美国哈佛大学教授雷蒙德·弗农（Raymond

Vernon)于 1966 年在《产品周期中的国际投资与国际贸易》一文中首次提出的,具体是指完整的产品生命周期从生到死共含四个阶段,分别是引入期、成长期、成熟期、衰退期。

定义 4-2:产品用户划分 (出处:4.2.2 节)

大体来说任意产品的用户类型都分为以下 5 类:

1)访问用户:指每日产品的 UV,能够直接反映产品的受欢迎程度。

2)新增用户:指一段时间内打开应用的新用户,反映了产品的发展速度与推广效果。

3)活跃用户:指不计较使用的情况下,频繁打开应用的用户。此类用户是产品真正掌握的用户,只有活跃用户才能为产品带来价值。

4)流失用户:根据产品定义时间周期来看,满足周期未访问的用户就可称为流失用户。

5)挽回用户:指通过产品召回再次返回产品中来的这部分用户。

定义 4-3:硅谷设计博弈理论 (出处:4.3.2 节)

- 注意力博弈(The Attention Game):用户在你的产品中花费了多少时间。

- 交易量博弈(The Transaction Game):用户在你的产品中产生了多少交易量。

- 创造力博弈(The Productivity Game):用户在你的产品中创造了多少高价值的内容。

定义 4-4:数据分析平台核心服务 (出处:4.4.1 节)

任意数据分析平台内部都需要具备如下三个核心服务。

1)现状分析服务:通过数据确定当前业务的现状,此服务在企业建设初期就必须要开始建设，从而帮助企业者确定企业运营的总体成效。本类分析中最常见的产出就是数据报表。

2）成因分析服务：通过数据确定当前业务现状是什么因素造成的，如用户下单量不高背后的原因。

3）预测分析服务：在找到现象与成因后，我们就可以逐步建立起预测模型，从而预测下一次同类型事件发生时的可能性结果。例如通过收集过往活动的促销数据预测本年"双11"的订单数据，从而提前备货。

定义 5-1：数据参考系　　　　　　　　　　　　　　（出处：5.3 节）

数据参考系作为反映公司业务基准线的事物，它标志着业务的平均水平是怎样的，当单位时间内的数据超过这个基准时，就真正意味着我们的业务处于增长态势，反之就属于业务衰退态势。

定义 5-2：同比 / 环比　　　　　　　　　　　　　　（出处：5.3 节）

- 同比：非连续时段下，某个周期的时段与过去上一周期的相同时段进行比较，如今年 Q3 的交易额与去年 Q3 的交易额的对比。

- 环比：两个连续时段下，某个时段与时长相等的上一个历史时段进行比较，如本周订单量与上周订单量的对比。

定义 5-3：基于数据仓库的数据处理体系　　　　　　（出处：5.5 节）

一般来说，基于数据仓库的数据处理体系改造后会分为三个层级，分别是 ODS 层（原始数据层）、CDM 层与 ADS 层（数据应用层），它们分别用于解决数据获取（Data Acquisition）、数据存储（Data Storage）与数据访问（Data Access）这三类问题，如图 5-3 所示。

定义 5-4：维度表与事实表　　　　　　　　　　　　（出处：5.6 节）

- 维度表：记录以需要观察的角度展开的要素信息，如使用时间维度，观察商品要素为：年、月、日、时、分、秒。
- 事实表：记录不同维度要求下具体事件的全量信息，包含每个事件的具体要素，如时间、用户 ID、购买商品 ID、支付单 ID 等。

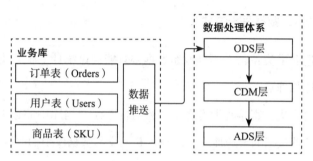

图 5-3　基于数据仓库的数据处理体系

定义 6-1：指标　　　　　　　　　　　　　　　　　　（出处：6.1 节）

指标具体指一组能反映某一业务在单位时间内的规模、程度、比例的数字。

定义 6-2：指标分类　　　　　　　　　　　　　　　　（出处：6.1 节）

- 产品概要类指标：用于评价产品现阶段的整体情况。
- 产品流量类指标：用于评价产品内用户的数量与质量。
- 客户价值类指标：用于评价产品的盈利状况与可持续性。

定义 6-3：指标体系　　　　　　　　　　　　　　　　（出处：6.3 节）

多个指标以一定的逻辑组合成的能反映当前的业务问题，并能定位问题背后原因的指标集合。

定义 7-1：OSM 分析框架　　　　　　　　　　　　　（出处：7.4.4 节）

- O（Objective，目标）：用户使用本功能的目标是什么？该功能满足了用户的什么需求？

- S（Strategy，策略）：为了达成上述目标，我们采取的业务策略是什么？
- M（Measurement，指标）：与这些策略对应的数据指标都有哪些？

定义 8-1：数据采集方式　　　　　　　　　　　　　　　（出处 8.1 节）

- 非透明采集：指看不到原始数据，只能通过统计上报采集，常见的方法如埋点。
- 透明采集：直接提取业务线中现有的系统数据库中的数据，如日志服务器数据的整理抽取，在 POS 机的交易数据库中抽取订单数据等。

定义 8-2：埋点　　　　　　　　　　　　　　　　　　　（出处：8.3 节）

所谓埋点，又称事件追踪（Event Tracking），是指针对特定标识用户的行为或事件进行捕获，处理与传输等操作的全过程。

定义 9-1：实体商家交易漏斗模型　　　　　　　　　　　（出处：9.2 节）

在零售行业的运营体系中，实体商家交易漏斗模型包含客量、业绩和利润三大指标，如图 9-1 所示。

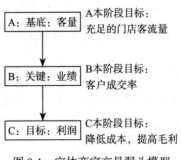

图 9-1　实体商家交易漏斗模型

定义 10-1：数据驱动业务决策框架　　　　　　　　　　（出处：10.1 节）

数据驱动业务决策框架就是根据当前的数据识别、发现产品问题，并予以解决,或者发现业务短板予以提升,具体包括如下两部分。

- 日常运营:通过数据分析定位产品问题,保证平稳运行。
- 黑客增长:通过数据分析发现业务短板,实现业绩增长。

定义 10-2:描述类数据分析模型集　　　　　　　　（出处:10.2 节)

表 10-1　描述类数据分析模型集

序号	模型	定义描述
1	数据看板	聚合业务多类别数据,方便高层实时查看业务运行情况
2	趋势比对(同比/环比)	通过不同的数据对比帮助业务运营者发现业务运行中的数据问题
3	指标分析模型	解决具体看板内的需求,并针对部分原因性问题定位

定义 10-3:成因类数据分析模型集　　　　　　　　（出处:10.2 节)

表 10-2　成因类数据分析模型集

序号	模型	定义描述
1	用户标签模型	宏观维度模型,用于确定用户的消费画像,分析用户行为背后的原因
2	留存曲线模型	宏观维度模型,针对定义周期内产品留存情况进行分析
3	用户召回模型	宏观维度模型,用于对流失用户进行召回,从而降低用户流失率
4	转化漏斗模型	微观维度模型,用于交易链路等核心步骤
5	杜邦分析模型	微观维度模型,高度概要类指标(如 GMV)变化时,针对具体原因细致分析

定义 10-4:增长类数据分析模型集　　　　　　　　（出处:10.2 节)

表 10-3　增长类数据分析模型集

序号	模型	定义描述
1	用户分层模型	对用户进行分层,产品步入成熟期拥有大量用户,其中包含多类特征鲜明的用户群

(续)

序号	模型	定义描述
2	RFM 分析模型	用于分析用户的购买行为，确定对公司价值最高的用户，从而进行精细化运营
3	渠道价值分析模型	用于分析流量渠道，寻找 ROI 最大价值渠道
4	归因分析模型	微观维度模型，用于拆解问题背后的因素
5	AARRR 增长模型	以增长视角来驱动产品各环节的迭代升级
6	NPS 推荐值模型	判断产品在用户群体中的认知与价值
7	A/B Test 分析模型	对关键环节的产品方案进行比对，确定效果最优方案

定义 11-1：杜邦分析模型 （出处：11.2.2 节）

杜邦分析模型，是指针对某个指标通过梳理对应的影响因素点，将指标逐层展开，从而将一个指标拆解为由多个因素组成的单位。

定义 11-2：流失用户 （出处：11.3.1 节）

指定时间周期内历史用户不再登录本应用，这部分历史用户称为流失用户。

定义 11-3：留存率 （出处：11.3.3 节）

对于某段时间新增用户数，在单位时间内波动后，该群用户中继续使用本产品的用户数占原新增用户数的比例。

定义 11-4：留存渐进线 （出处：11.3.3 节）

产品留存率最终维持在一个水平线上，这一水平线称为留存渐进线。

定义 11-5：数据事件 （出处：11.4.1 节）

数据事件是由一组特殊指标组成的用以追踪或记录用户行为或业务过程的监控体系。

定义 11-6：漏斗分析模型 （出处：11.4.3 节）

漏斗分析模型会通过监控一个用户任务从起点到终点各个环节中用户

的数量以及转化情况，从而定位流失较大的环节，接下来寻找每个环节的可优化点。

定义 12-1：黑客增长 （出处：12.1 节）

黑客增长这一概念最早是由美国的 Sean Ellis 提出的，指的是一家公司团队在数据分析基础上，利用产品或技术手段来获取自发增长的运营手段。

定义 12-2：用户分层 （出处：12.4.1 节）

- 重度使用用户（高价值）：用户黏性高，对产品接纳程度高，愿意为产品付费。
- 重度活跃用户（重点发展）：产品中有吸引用户的点，也愿意付费但不积极。
- 一般使用用户（重点转化）：有一定的吸引点，但不愿意为产品付费。
- 一般活跃用户（重点挽留）：即将流失的用户群，应该推出活动吸引用户返回产品。

定义 12-3：角色演进路线图 （出处：12.4.2 节）

所谓角色演进路线图，就是我们希望用户在产品中完成对应的任务以及成为对应的角色。通常情况下，产品中通用的角色演进路线如图 12-4 所示。

图 12-4　通用角色演进路线

定义 12-4：RFM 模型 （出处：12.4.3 节）

RFM 模型是 20 世纪中叶在美国黄页业务中应用的一种用户精细化分层方法，企业可以把客户按最近一次消费（Recency）、消费频率（Frequency）和消费金额（Monetary）这三个维度进行分类。

定义 12-5：首次互动模型分析法　　　　　　　（出处：12.5.2 节）

首次互动模型分析法是将后续渠道的触发转化归功于消费者第一次互动的渠道。

定义 12-6：最终互动模型分析法　　　　　　　（出处：12.5.2 节）

最终互动模型分析法是将销售转化归功于消费者最后一次互动的渠道，与首次互动模型不同的是，最终的互动计算是以成交作为一次计数判断的。

定义 12-7：线性归因模型分析法　　　　　　　（出处：12.5.2 节）

线性归因模型分析法会将转化归功于消费者接触的所有路径，并罗列销售转化路径，平均分配贡献权重。

定义 12-8：AARRR 模型　　　　　　　　　　（出处：12.6.1 节）

AARRR 是 Acquisition、Activation、Retention、Revenue、Referral 这五个单词的缩写，分别对应用户生命周期中的如下 5 个重要环节。

1）用户获取目标：各渠道新增量。

2）提高活跃度目标：日活，月活。

3）提高留存率目标：次日留存率，7 日留存率，月留存率。

4）获取收入目标：成单转化率，付费率。

5）自传播目标：转发数，评价数。

定义 12-9：NPS 推荐值模型　　　　　　　　　（出处：12.6.3 节）

NPS（Net Promoter Score）推荐值模型，最早由贝恩咨询公司的创始人弗雷德于 2003 年提出，NPS 推荐值模型的作用就是能够直接反映用户对产品的喜爱度。

定义 13-1：第一次悖论　　　　　　　　　　　（出处：13.2 节）

第一次悖论是数据分析中最常见的一个悖论，众所周知，数据驱动运营需要依赖于数据分析的结果，但是在第一次设计对应运营活动时，我们往往是没有该类活动的效果数据的。此时就陷入一个悖论：没有数据的情况下如何能做出最优解？

定义 14-1：企业战略规划 （出处：14.1.1 节）

企业战略规划简称企业战略（Enterprise Strategy），指的是企业为达成特定的商业目标而定义的一系列企业执行动作的集合。

定义 15-1：企业成立因素 （出处：15.2.2 节）

▶ 需求侧：该产品不能是个性化需求，需要有一定规模的潜在用户。

▶ 供给侧：该产品/服务有可以规模化与标准化提供的生产形式。

定义 15-2：企业的本质 （出处：15.2.2 节）

▶ 不断在市场中寻找愿意为企业产品/服务付费的新用户，拓展需求侧。

▶ 通过创造并组织生产要素，使用户需求能规模化生产，解决供给侧。

定义 15-3：企业增长生命周期 （出处：15.3 节）

1）问题和解决方案匹配（PSF）：真正挖掘到目标市场的痛点并能找出解决方案。

2）产品与市场匹配（PMF）：创造能解决目标市场的痛点、可规模化的产品方案。

3）渠道和产品匹配（CPF）：寻找能低成本且快速推广的渠道，帮助产品推向市场。

4）企业与市场匹配（EMF）：在不断开拓市场中，不断调整企业结构以适应发展。

二、方法类（8个）

方法 3-1：通用数据分析法 （出处：3.3 节）

1）设置目标：确定当下业务中你的目标及完成现状。

2）问题假说：穷举现状是由哪些问题导致的。

3）数据证明：通过数据来证明该问题会导致怎样的结果。

4）数据分析：分析该问题的成因并形成解决方案。

方法 7-1：指标体系的建立方法　　　　　　　　　　（出处：7.1 节）

1）确定数据分析目标。

2）定义纵向指标维度（层级设计）。

3）定义横向指标维度（指标填空）。这其中又分为自上而下探寻（业务域驱动指标定义）和自下而上探寻（功能逆推指标定义）。

4）定义各维度指标项。

方法 7-2：指标寻找法　　　　　　　　　　　　　　（出处：7.4.1 节）

- 自上而下法（Top-Down strategies）：由业务域驱动进行指标设计。
- 自下而上法（Bottom-Up strategies）：由现有系统的功能模块逆推功能指标。

方法 8-1：数据采集　　　　　　　　　　　　　　　（出处：8.2 节）

表 8-1　数据采集

序号	数据采集类型	数据来源	类型定义	采集目的
1	用户数据	前端操作	指用户访问本平台，在本平台进行的一系列用户操作，常见如浏览量、点击率等	分析用户的行为事件
2	业务数据	前端操作 后端日志	主要指用户在平台完成业务交易（交易端/履约端）时产生的数据，常见的如交易额、订单量、采购等	分析交易结果

方法 9-1：设计基于 OneData 理念的多平台指标管理体系

（出处：9.3 节）

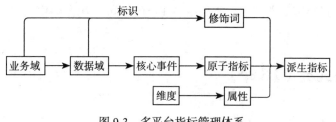

图 9-3 多平台指标管理体系

方法 11-1：通用事件设计方法　　　　　　　　（出处：11.4.3 节）

维度 1：拆分问题——思考事件的组成层级。

维度 2：定义各描述层级——使用不同的指标来描述不同层级的现状。

维度 3：结果辅助参考——对结果进行划分，给予辅助参考。

方法 12-1：黑客增长核心 6 步　　　　　　　　（出处：12.2.1 节）

1）确定增长目标（核心指标）：确定当前产品阶段的核心增长目标，通常是北极星指标的具体指标，如增长用户数、增长订单量等。

2）收集与分析数据：根据具体增长目标制定数据分析方案。

3）假设方案设计：定义能带来增长的尝试性方向是什么，如新增功能、新增活动等。

4）确定增长实验：将上一步提出的尝试性方向设计为功能，并组织实验进行市场投放，然后使用 A/B Test 进行功能验证。

5）分析实验效果：对多个尝试性方案的增长实验进行挨个测试，以此确定当前产品群体内效果最好的优化方案。

6）系统化全局推广：当确定优化方案后，正式投放至全公司业务中。

方法 13-1：用户基础属性画像　　　　　　　　（出处：13.2 节）

用户基础属性画像维度可以使用如下方法进行圈定。

- 通过自然属性圈定，比如用户性别、年龄、职业、地区。
- 通过渠道属性圈定，比如用户注册的时间、渠道来源等。

三、公式类（16个）

公式 4-1 （出处：4.2.2 节）

$$业务调研 = 产品现状 + 产品阶段 + 市场规模$$

公式 4-2 （出处：4.3.1 节）

$$销售额 = 商城用户 \times 下单转化率 \times 支付转化率 \times 客单价$$

公式 5-1 （出处：5.3 节）

$$同比增长率 = (本期值 - 同期值) / 同期值 \times 100\%$$

$$环比增长率 = (本期值 - 上期值) / 上期值 \times 100\%$$

公式 6-1 （出处：6.2.1 节）

$$指标 = 业务维度描述 + 技术维度描述$$

公式 8-1 （出处：8.3.4 节）

$$4W1H = Who + When + Where + How + What$$

即：什么用户在什么时间点的什么场景中以什么方式完成了哪项用户任务。

公式 11-1 （出处：11.3.1 节）

$$新用户流失率 = 当天新用户的流失数 / 当天的新增总注册用户数$$

公式 11-2 （出处：11.4.4 节）

转化率 = 本环节 UV 数 / 上一环节 UV 数 ×100%

公式 11-3　　　　　　　　　　　　　　　　　　　（出处：11.4.4 节）

流失率 = 本环节减少 UV 数 / 上一环节总 UV 数 ×100%

公式 11-4　　　　　　　　　　　　　　　　　　　（出处：11.4.4 节）

整体转化率 = 本环节 UV 数 / 初始 UV 数 ×100%

公式 12-1　　　　　　　　　　　　　　　　　　　（出处：12.6.1 节）

平均每用户收入 ARPU = 总收入 / 总活跃用户

公式 12-2　　　　　　　　　　　　　　　　　　　（出处：12.6.1 节）

电商的营收 = 流量 × 转化率 × ARPU

公式 12-3　　　　　　　　　　　　　　　　　　　（出处：12.6.1 节）

K =（每位产品用户向好友推荐的人数）×

（推荐触达的人群成为产品新用户的转化率）

当 K > 1 时，产品有持续传播性，会不断增长。

当 K < 1 时，产品传播性有限，达到一定水平后会停止。

公式 12-4　　　　　　　　　　　　　　　　　　　（出处：12.6.3 节）

NPS 分值 =（满意用户数 − 厌恶用户数）/ 总投放调查用户数

公式 13-1　　　　　　　　　　　　　　　　　　　（出处：13.4 节）

用户运营体系构成 = 用户分层 + 用户生命周期管理 + 用户激励体系

公式 15-1　　　　　　　　　　　　　　　　　　（出处：第 15 章章首）

企业战略建模 = 企业战略 + 企业经营阶段 + 战略执行情况

1）企业战略：企业所选择的商业模式与核心竞争策略。

2）企业经营阶段：企业从小做到大所需要经历的不同发展阶段。

3）战略执行情况：企业各阶段需要完成的阶段任务与价值判断指标。

公式 15-2 （出处：15.1 节）

商业模式评价 = 市场维度评价 + 企业维度评价

以上就是本书的所有定义与公式，我们将这部分内容进行一个汇总，就可以得到一个完整的数据驱动产品增长全路径地图，也称之为 4F 模型，如图 A 所示。

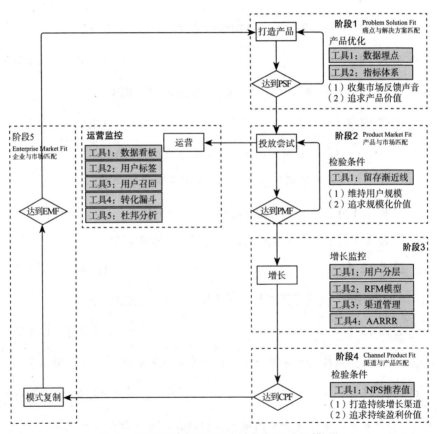

图 A 数据驱动产品增长全路径地图（4F 模型）

四、案例类（34个）

《案例00：L电商公司数据分析的背景介绍》

《案例01：L公司行动框架梳理》

《案例02：L公司当前业务现状调研》

《案例03：L公司当前的数据分析体系调研》

《案例04：L公司数据分析平台的规划》

《案例05：L公司的数据驱动决策》

《案例06：L公司的数据报表设计》

《案例07：L公司基于数据报表的分析》

《案例08：L公司数据底层取用逻辑改造》

《案例09：L公司电商平台指标库的梳理》

《案例10：L公司纵向指标维度定义》

《案例11：L公司横向指标维度定义》

《案例12：L公司数据采集定义》

《案例13：L公司埋点设计分析》

《案例14：撰写数据埋点文档》

《案例15：L公司数据分析平台2.0》

《案例16：L公司线下零售业务数据模型》

《案例17：L公司最小数据中台的建设》

《案例18：L公司电商的日常运营》

《案例19：L公司的商品运营》

《案例20：L公司杜邦分析实战》

《案例21：L公司的用户运营》

《案例 22：L 公司的产品运营》

《案例 23：L 公司漏斗分析实战》

《案例 24：L 公司提升平台单日用户加购量》

《案例 25：L 公司电商的黑客增长》

《案例 26：L 公司归因分析模型应用》

《案例 27：L 公司 AARRR 模型关键环节实战》

《案例 28：L 公司的 NPS 模型应用》

《案例 29：L 公司的 A/B Test 模型应用》

《案例 30：L 公司会员付费率增长方案》

《案例 31：L 公司会员付费率增长运营》

《案例 32：L 公司中的辛普森悖论》

《案例 33：L 公司 1.0 方案投放验证》

关注笔者的公众号"三爷茶馆"回复"100"，既可获取本附录高清电子版知识点 PDF 文件。

推荐阅读